● 民法研究レクチャーシリーズ ●

civil の理学
── 民法0・1・2・3条再考

大村 敦志

信山社

は し が き

2018 年から少人数の高校生を相手に，民法を素材に法と法学について学ぶ連続セミナーを始めたが，2020 年からは最後の 1 回（年によっては 2 回）には，ゲストをお招きしてレクチャーをしていただくようになった。「民法研究レクチャー・シリーズ」は，その際のお話と質疑応答をまとめて本にしたものである。

2021 年初めに刊行された瀬川信久先生による『不法行為法における法と社会 —— JR 東海事件から考える』（2021）を筆頭に，ゲストの先生方にはいずれも力作をお寄せいただき，充実した叢書が形成されつつある。直近の 2024 年には，道垣内弘人『所有権について考える —— デジタル社会における財産』と山本敬三『憲法・民法関係論と公序良俗論』の 2 冊を刊行することができた。

このうち山本敬三先生のものは 2024 年 6 月 22 日に行われたレクチャーをもととするものであった。1 週間前の 6 月 15 日には，窪田充見先生のレクチャーが予定されていたが，年初に窪田先生が急逝されたため，セミナー参加者とともに窪田先生のお話を聴く機会は失われることとなった。返す返すも残念なことである。本書は窪田先生に代わり，私が行ったレクチャーをまとめたものである（このような経緯については，山本先生のご著書の「はしがき」や本書の「著者紹介」「創刊にあたって」などにも記されている）。

シリーズを構想した時点では，私自身はシリーズの最後に，年来の研究テーマである契約について，いま考えていることをお話しようと考えていた。本書の中でも，慣習の位置づけをめぐり，その一部を述べているが，十分に考えを詰め切れておらず，わかりにくい

ものになっている。ただ，自己弁護にはなるが，未完成な思考を披露するということにも，法・法学に対して関心をもってもらう上で一定の意味はあるのではないかと感じている。それにしても，本来のテーマについては，別途，何らかの形で高校生に問いかける機会を持ちたいと思っている。

　そのことは別にして，「民法研究レクチャー・シリーズ」はなおしばらく続いていく。2025年には小粥太郎先生をお招きしているが，慎重な小粥先生は準備のために，2024年の私のレクチャーを見学にいらして下さった。本書の途中に小粥先生と私の対話が含まれているのは，そのためである。

　この場を借りて，これまでご登壇下さった先生方に改めてお礼を申し上げるとともに，小粥先生以下，これから登壇して下さる先生方にも予め御礼を申し上げておきたい。また，過去に参加して下さった生徒諸君，お手伝いをいただいた方々，そして，信山社の皆さんにも，謝意を表したい。

　　2025年1月

　　　　　　　　　　　　　　　　　　大村　敦志

目　次

はしがき　(*iii*)

◆ は じ め に ── droit civil は民法か？ ················· *3*

Ⅰ　価値原理としての civil
── 原・民法０・１・２・３条を見直す ··········· *9*
1　これまでの civil ──「財産法」としての民法 ········· *12*
2　これからの civil ──「人の法」から見た民法 ········· *27*

　　☕ 小粥先生との対話（*47*）

Ⅱ　認識枠組としての civil
── 新・民法０・１・２・３条を見出す ··········· *53*
1　対象レベルでの civil ── 人と物／人と財産 ········· *56*
2　メタレベルでの civil ── 社会契約と契約社会 ········· *70*

◆ お わ り に
── code は法典か？ ································· *87*
追記１　「おわりに」の省略部分について ············· *88*

◆ 質 疑 応 答 ······································ *93*
追記２　仮想の質問（Questions imaginaires）として ········· *121*

v

内 容 目 次
（配布資料）

はじめに ── droit civil は民法か？

　　　◇民法とは何か　◇用語に関する補足

I　価値原理としての civil ── 原・民法0・1・2・3条を見直す

　1　これまでの civil ──「財産法」としての民法

　　(1) 経済中心 ──「資本主義経済社会の法」としての民法

　　　◇民法の定義　◇定義の意味・含意

　　(2) 財産法の優位と家族法の従属

　　　◇家族法の位置づけ　◇問題自体の消滅？

　2　これからの civil ──「人の法」から見た民法

　　(1) 政治中心 ──「市民社会の基本法」としての民法

　　　◇民法の定義の更新　◇「市民／人の法」の背景

　　(2) 国家観の転換と人間像の更新

　　　◇三つの民法と原則規定　◇国民国家の民法としての明治民法

　　　◇社会国家の民法としての昭和民法

　　　◇共和国の民法としての平成民法？

　　　◇civil の再定義

II　認識枠組としての civil ── 新・民法0・1・2・3条を見出す

　1　対象レベルでの civil ── 人と物／人と財産

　　(1) 世界の対象化と支配の態様

　　　◇旧民法人事編1条の世界構成

　　　◇同財産編1条・同債権担保編1条の世界構成

　　　◇旧民財1条と旧民債担1条の間の緊張関係

　　(2) 行為者 game player としての人

vi

2　メタレベルでの civil —— 社会契約と契約社会

　(1) 法律の始原性と契約・慣習の補完性

　　◇旧法例 1 条の基礎 —— 一般意思としての法律

　　◇「市民」の限界と拡大

　　◇縮小された法律としての契約

　　◇二つの「法律」の間で ——「慣習」の領分ないし機能

　(2) 定礎者 rule maker としての市民

おわりに —— code は法典か？　professeur は教授か？

　　◇「暗号 enigme」としての法典

　　◇「弁士 orateur」としての教授

　　◇「民法学者 civiliste」の多面性・多様性

　　◇この先の仕事

civil の理学
── 民法0・1・2・3条再考

自己紹介に代えて

　本書のもとになったレクチャーは，2024年6月に行われましたが，当初は，「不法行為法と家族法を架橋する」という題で，窪田充見先生にお願いしていました。ところが2023年末に体調を崩されて入院され，2ヶ月足らずで亡くなられてしまいました。

　窪田さんとは，家族法改正のために15年間，一緒に働きまして，家族法を重要な一部分として含む，民法というのは何かということを，しばしば考えさせられることがありました。この点につき，窪田さんと改まって話をしたことはないのですが，民法というものを大切にしながら，その上に新しい家族法に形を与えていくという点で，私たちの考え方は一致していたと思います。立法が終わったので，彼が生きていたら，話し合う機会もあったのではないかと思います。

　ピンチヒッターとしてお話するに際して，民法というものをトータルに考えるということを，改めてテーマにとりあげました。窪田さんはとても快活で愉快な方で，今日の話を聴いたら，「大村さん，30年前とも同じ話しているじゃないですか。でも，ともかくまとめて話すのは，いいことですよね」などと言われそうです。必ずしもまとまった話ではないのですけれども，窪田さんのもとにも声が届けばと思います。

（大 村 敦 志）

◆ はじめに ── droit civil は民法か？

　それでは，はじめたいと思います。

　私が主宰するこのセミナーでは，最終回にゲストをお招きして，お話をしていただいてきました。今年は，今回と次回，最後の2回をゲストの方のお話にあてていたのですが，「自己紹介に代えて」に書いた事情により，予定していたゲストに代わって私自身がお話をすることにしました。

　このレクチャーには，「civil の理学 ── 民法0・1・2・3条再考」というタイトルを付けてあります。どういうことなのか，少しずつお話しますが，まずは，「droit civil は民法か？」という問いから，話を始めたいと思います。

　皆さんの中には，以前にも私のセミナーに参加した OB の方も混じっていて，「その話は聴いたことあるぞ」と思う人もいるでしょうが，もう一度聴いていただきたいと思います。

　そこで，お配りした資料の「内容目次」にあるように，民法とは何かということと，それから用語に関する補足ということ，この二つの話をいたします。

◇**民法とは何か**　「droit civil」というのは，フランス語で「民法」に対応する言葉です。反対に言うと，この「droit civil」という言葉の訳語として，「民法」という言葉が作られたと言うことができます。細かく言うと本当はオランダ語が最初で，そのあとフランス語のこの言葉が入ってきたのですが，そこのところは省略します。

3

明治になって新たにたくさんの法律用語がつくられましたが，中国などに用例などがあって，そこから持ってきたりしていることもあります。詳しくは調べていませんが，「民法」という言葉は，中国の古典には用例はないように思います。

　おそらくは日本でつくられた言葉でして，この言葉が中国や台湾，あるいは韓国にも及んでいきました。いまでも中国語とか韓国語がわからなくても，漢字で「民法」と書ければ，コミュニケーションが可能になっています。その他，中国，台湾，韓国の法律用語には，日本発のものがたくさんあります。

　それはさておいて，フランス語からの翻訳がどうして必要とされたのかというと，明治の初めの日本では，フランス法をモデルにした民法を作ろうという計画が立てられたから，ということになります。

　皆さんご存じの通り，お雇い外国人と呼ばれる人々がいます。明治政府は各分野で，いろいろな人たちを招いたわけです。その中の一人が，ボワソナードという人，正式にはギュスターヴ・エミール・ボワソナード・ド・フォンタラビー（Gustave Émile Boissonade de Fontarabie, 1825-1910），長い名前の人ですけれども，この人が日本に来て，彼を中心として，今では旧民法典と呼ばれる，近代日本初の民法典が作られることになりました。この民法典は 1890 年に公布されています。

　これには反対論もあって，「民法典論争」といわれる論争が，このあと展開されて，この民法典は，結局，公布はされたけれど施行されないということになります。そのあと，旧民法典をベースにして現在の民法典が作られることになり，それに伴って，旧民法典は廃止ということになったわけです。

4

◆はじめに

　フランスの強い影響のもとで民法を作るということだったわけですが，その「民法」という言葉自体が，フランス語の翻訳として作られたということになります。

　こうして，「droit civil」は「民法」ということになったわけです。

　しかし，考えてみると，droit（ドロワ）は法で，civil（シヴィル）は現在の仏和辞典の訳語では「市民の」ですね，たぶん。droit は法で civil は市民だとすると，「droit civil」は「市民の法」とか「市民法」などと訳すべきだったのではないか。そういう疑問が，一応は生じます。一応は生じるのですが，当時は「市民」という言葉がまだなかったのだろうと思います。それで，どうしようかということで訳語が検討されて，さしあたり，「民法」と訳すことにされたというわけです。

　さしあたり「民法」と訳されたのですが，当時から，この訳語は，あまりよくないという批判がありました。よくない理由については，あとで改めて触れます。いまここでは，仮に，「民法」という言葉をやめて，「droit civil」を市民の法と考えるとすると，それで，何がどうちがってくるのか。civil という言葉は，「民」という訳語から離れて考えてみると，どういう意味を持っている言葉なのかということを，明らかにしておきたいと思います。civil の意味を明らかにすると，droit civil，すなわち civil の法というものが，言葉の上から理解できるのではないか。こんなふうに思っています。

　そこで，この civil という言葉について考えたい。具体的には，二つの方向から考えてみるというのが，今日の話の本体ということになります。

　二つの方向というのは，すぐにお話しますが，一つが「価値原理

としての civil」，もう一つが「認識枠組としての civil」という話になります。この二つの方向からお話しするのですが，何か手がかりがないと，少し心細い。そこで，民法の条文を手がかりとする形で，お話をしてみたいと思っています。具体的には，日本の民法典，具体的には，先ほどお話した旧民法典と，それから現在の民法典，これらの冒頭，一番はじめに現れる条文を，いくつか取り出して，それを手がかりに考えてみたいと思っています。

　私がこれから話すことは，ある意味では社会についてのイメージ，社会哲学のようなものなのですが，私自身の社会哲学を語るのではなくて，民法の条文というものを手がかりにして，そうしたことを考えてみる。このような思考様式が，ある意味で法学に特有の思考様式ではないかと思っています。

　これも OB の諸君は，「その話も前に聴いた」と思うかもしれませんが，少しヴァージョンが変わっていますので，おつきあいいただきたいと思います。

◇**用語に関する補足**　ここまでは，民法とは何かという話をこれからしますということですけれども，用語に関する補足が3点あります。

　一つ目は「civil の理学」というタイトルについてです。これは，本来ならば，「civil の哲学」，あるいは「civil の思想」などといったタイトルになるのが自然なところだと思います。

　わざわざ「理学」にしたのですが，ここで「理学」と言っているのは，意味は「哲学」と同じです。分野ごとに細分化された知識を，明治時代には「科学」と呼んだわけです。それに対して，全体としての知識を扱うものを，当時は「理学」と呼びました。だから

◆はじめに

いまは「法哲学」という科目がありますけれども，戦前，東大法学部では，「法理学」という科目名で，法哲学は教えられていました。

理学は科学と対比される。ここでの「科学」はサイエンスではなくて，科目別・分野別に細かく分けて考えるということです。これに対して，私の話では，全体を捉まえるということを試みる。この点を強調したいということで，古い言葉ですが「理学」という言葉を持ち出しています。

民法に即して言うと，「不法行為法」とか「家族法」といった分野があります。私もこれまで「契約法」などを勉強してきたのですが，そういう領域ごとではなくて，民法全体の話をするということです。私は別のところでは，「民法総論」というタイトルで本を書いたりもしていますが，「理学」「科学」を総論・各論と呼ぶこともできます。こうした話，理学あるいは総論レヴェルの話が，この後の話の内容になります。これが1点目です。

それから用語についての2番目ですが，民法と言ったり，民法典と言ったりしています。「法典」というのは code，民法典とは「code civil（コード・シヴィル）」の訳語です。

「日本民法」と「日本民法典」，「フランス民法」と「フランス民法典」，この二つは同じ意味で使われることもありますけれども，多少違うところもあります。

どこが違うのかということは，あとで少しお話しすることになります。目次の最後に，「code は法典か？」という項目が立ててあるのですが，そこでは，コードの再定義，より正確には，別の意味をつけ加える，あるいは意味の重点をずらすということをしてみたいと思っています。さしあたりいまは，「民法」といっても「民法典」といっても，それほど違わないということで，スタートしたいと思

7

います。

　3番目ですけども，民法とは何かということを話題にしていくのですが，そのことと民法を研究するとか，あるいは民法学ということとの関わりということも，多少，問題になります。

　今年のセミナーでは，いくつかの論文をとりあげて，その内容に関する話をしましたが，その際にも，民法学者はいったい何をしているのかといったことが話題になったりもしました。あるいは「学説」と呼ばれているものが，法の世界で，どのような意味を持っているのかということも話題になりました。その延長線上で，今日のレクチャーをしていますので，民法と民法学との関係，あるいは，民法学とは何かということについても，少しお話したいと思っています。これも最後で出てくるのですが，「professeur は教授か？」という話をして，この点を話題にしようと思っています。

　ここまでで，どのようなことを，どのような観点からお話するのかということを，おおよそ示したつもりです。

I　価値原理としての civil
—— 原・民法０・１・２・３条を見直す

　そこで先ほどの２つの軸,「価値原理としての civil」「認識枠組としての civil」のうち,前半では,「価値原理としての civil」という話をしたいと思います。

　civil という言葉のうち価値原理としての側面に注目するということで,現行民法典の１条から４条までを,取り上げようと思います。

◇**原「０・１・２・３条」**　昔,今から十数年前に,『民法０・１・２・３条』（みすず書房, 2007 年）という本を書いたことがあります。そのときに,現行民法の１条, ２条, ３条, ４条を「民法０・１・２・３条」と呼びました。それぞれの条文の中身は以下の通りです。

【**現行民法**】（2007 年当時）

第１条　私権は,公共の福祉に適合しなければならない。

２　権利の行使及び義務の履行は,信義に従い誠実に行わなければならない。

３　権利の濫用は,これを許さない。

第２条　この法律は,個人の尊厳と両性の本質的平等を旨として,解釈しなければならない。

第３条（旧１条・２条）　私権の享有は,出生に始まる。

２　外国人は,法令又は条約の規定により禁止される場合を除き,私権を享有する。

第4条（旧3条）　年齢二十歳をもって，成年とする。

　今では，成年年齢は18歳になったのは，皆さん，ご存知だと思いますが，2007年のときは，成年年齢は20歳でしたので，とりあえず当時の規定を掲げておきます。成年年齢が下がったほかに，実は2017年に「債権法改正」と呼ばれる民法の債権法部分（正確には契約法部分）の改正がありまして，3条の2という規定，意思表示に関する規定が付け加わっています。

　六法を持っている人は，ご覧になるとよいかと思いますけれども，3条の2は，これはこれで面白い規定ですけれども，成年年齢が20歳が18歳になったり，3条の2が追加されたりという差はありますが，2007年の当時と，それほど変わらない形で今日に至っています。1，2，3，4条が基本であることに変わりはないと言ってよいでしょう。

　このうちの1条と2条というのは，1947年の改正，日本国憲法ができたのに伴う改正のときに，新たにつけ加えられました。現行民法がつくられたとき，すなわち，1898年に施行されたときには，現在の1条，2条はなくて，現在の3条の1項が1条（旧1条），3条の2項が2条で，4条が3条だったので，現在の1，2，3，4条というのは，昔の1，2，3条の前に，新しい1条，2条というのが付け加わった。そういうものです。

　古いもののナンバリングを尊重するならば，1・2・3条の前に新規定が付け加わったわけですので，それらをまとめて0条と表現しますと，「0・1・2・3条」というふうに呼ぶことができる。これが，以前に書いた本のタイトルの意味です。このレクチャーでも「0・1・2・3条」と呼びますが，「0・1・2・3条」というのは，現

I 価値原理としての civil

在の1条・2条があとで付け加えられたという歴史的な経緯を示すための表現であるわけです。

目次には,「I 価値原理としての civil」,そのあとに原「0・1・2・3条」── と書きましたが,この,原「0・1・2・3条」の「原」は,私が『民法0・1・2・3条』という本を書いたときに想定していた,もともとの「0・1・2・3条」はこれです,ということで,これらが前半の手がかりになる条文になります。

後半のローマ数字のIIの部分では,これらの規定と並んで,新しい「0・1・2・3条」というのを,まとめてみるということにしました。そちらは「新0・1・2・3条」と名づけ,前に「0・1・2・3条」といっていたものを「原0・1・2・3条」と捉え直して,二つの「0・1・2・3条」を対比してお話をする。これが全体としての話の組み立てということになります。

「原0・1・2・3条」は,民法が体現する基本的な価値原理,民法はどのような価値を実現しようとしているのか,そして,その価値はどのように発展してきたのかを示している。そういうものとして捉えることができるのではないかと思っています。そして,この捉え方は「価値原理としての civil」という捉え方と連動することになるだろうと思います。

これから,「価値原理としての civil」というものに対する私の見方をお話します。ローマ数字のIの2のところで,それをお話しようと思っているのですが,こういう話をするときには,誰かが言っていることを確認するというのと,否定するというのと,二つのタイプがあります。人が言っていることを繰り返すのはあまり楽しくないので,否定するために何か言ってみよう。違う考え方を出

してみようと思って，いろいろ考えています。

　そこでまずⅠ-1では，これまでの civil の捉え方，民法とはどういうものなのかということについて，お話します。これまではこのように捉えてきたけれども，それとは少し違う面があるのではないかということを，その先でお話しようと思っています。Ⅰの1の「これまでの civil」には「『財産法』としての民法」という副題をつけました。これに対して，私が提示しようとしている法は，Ⅰの2の副題，「『人の法』から見た民法」という形で表現しています。

1　これまでの civil ──「財産法」としての民法

（1）経済中心 ──「資本主義経済社会の法」としての民法

　「『財産法』としての民法」ということを，これから少しお話したいと思っています。民法とは何かということについて，かつての有力な見方，今でもそう考えている人は少なくないかと思いますけれども，この見方からお話したいと思っています。

◇**民法の定義**　そのためには，民法の定義というところから話をはじめる必要があります。民法の定義については，法学部に入ると授業で聴くことになりますが，いくつかの定義があります。

　これから四つ挙げます。

　まず一つ目は法律の名称に着目した定義ですね。

　「『民法』とは何ですか」と問われたときに，学生さんに聞くといろんな答えが出ますけれども，「『民法』いう名前の法律のことです」という答えが，まず出てきます。確かに，民法という名前の法律がある。六法に「民法」というものが載っているわけです。

I　価値原理としての civil

　さらに詳しく言うと，民法という名前の法律と，これに附属するいくつかの法律という言い方をすることもあります。六法の「民法」というパートに収録されている法律ですね。この『ポケット六法』で，色がついている黒いところが民法そのもの，うしろの白いところが関連する法律ということで，民法と，それに関する特別法といわれるものがある。これらが民法である。一応は，そう言えるだろうと思います。

　民法の附属法律とされているそれぞれの法律を，なぜ民法とセットにするのか。そうなると，そこには名前だけでないものがそこに現れてきますけれど，その話は，今は省略します。

　2番目に，法の分類に基づく定義があります。

　それは何かというと，法学部生になった OB の方々は聴いたことがあると思いますけれども，「私法の一般法である」という定義ですね。法の世界には公法と私法という区分がある，その私法のうちに一般法とされるものと特別法とされるものとがあって，民法というのは私法の一般法である。こういうことです。何々のうち，何々という性質を持つものという形の定義ですね。人間は政治をする動物である。これはアリストテレスですが，「動物」のうち「政治的なもの」が「人間」であるということですね。これと同じように，「私法」のうち「一般法にあたるもの」が「民法」である。

　それから 3 番目は，法律の内容をおおまかに指示する定義ですね。

　民法についてはこれはなかなか難しいのですが，「家族法」とは何かと問うと，「家族法は家族に関する法律です」とか，「環境法」とは何かと問うと，「環境に関する法律です」という答えが返ってくることがありますけれど，民法について言うとすると，人の財産

や身分の一般的な事項を規律する法などというのが，辞書などに出ている定義ですね。人の財産や身分の一般的事項を規律する法律ということで，財産と身分，これが民法の主要なコンテンツであるという定義の仕方ですね。

　ここまでの三つの定義はある意味で形式的な定義です。名前だとか分類だとか規律対象などによる定義なのですけれども，これに対して，機能や役割に着目した定義というのもあって，4番目の定義，少しこれまでのものと性質が違うものになりますが，経済的な機能に着目した定義として，「資本主義経済社会の法」という定義があります。

　民法とは資本主義経済社会の法であるというわけです。この定義は，民法は資本主義経済社会の基盤，インフラを措定するという点に着目しているものです。

　資本主義経済というのは，資本の増殖あるいは利益の獲得によって動くわけです。資本の増殖は，産業資本主義と言われる段階においては，商品の交換によって実現される。安定した商品交換のためには，商品交換そのものの保障と，その前提となる商品の帰属の保障が必要になる。この交換と帰属の確保は，契約の拘束力の保障と，それから所有の保障という形で実現される。これを実現するのが民法である。これが，民法とは資本的経済社会の法である，それを支えるインフラなのだという考え方です。川島武宜（1908-92）の『所有権法の理論』（岩波書店，1949年）という本には，今申し上げたようなことが説かれています。

　契約の拘束力を保障する。これは「契約自由の原則」と呼ばれます。所有権を保障する。こちらは「所有権絶対の原則」と呼ばれます。民法の条文で言うと，現在では521条，522条という規定が新

14

設されていますけれども，これらが契約の自由に関する規定です。契約の内容の自由とか，締結の自由とか，そんなことを定めています。所有権絶対，これは根拠条文は多少微妙なのですが，206条，所有権のところの最初に出てくる規定が，所有権絶対を定めていると，一応は言うことができます。

◇**法整備支援**　少し横道にそれますが，民法は資本主義社会のインフラだという話は，たしかにそうであって，社会主義が崩壊して資本主義に移行しなければならないことになった国では，契約と所有権が保障されていないと困る，ということになって，そのために法律を整備しなければならないということになる。東南アジア，たとえば，ベトナムで民法典をつくる必要があるということになるわけです。

　中国でも2020年に民法典ができましたけれども，中国は社会主義国でありつつ，ある意味では超資本主義の国ですから，やはり民法がなければ困る。契約の自由があるかとかないとかには，さほど関心はないけれども，ともかく取引が円滑に行われるような基盤がなければ困るということで，資本主義のシステムが動いていく上での基盤として，民法というものが必要だろう，こういうことになります。

　ただ，商品交換そのものよりも，商品交換による利得の機会への資金の投資，実際に商品交換をして稼ぐというよりも，商品交換する人たちに投資をして稼ぐことが，だんだんと重要になってくる。そうすると，工場や商品を所有する起業家，産業資本よりも，これに融資をする投資家，金融資本の存在感というのが増してきます。産業資本主義から金融資本主義へということが言われるわけです。法整備支援の場合にも，外国からの投資を呼び込むために民法典を

つくる。

　投資をして，お金を貸すわけですが，返してくれない場合には，相手方の財産を差し押さえ売却して，その代価から貸付金を回収することになりますけれども，金を貸す際に特定のものを担保という形で押さえて，それによって貸金の返済をたしかにする。そういう形で確保された債権というものが，実際に商品交換を行っている人々の所有権を実質的に支配するようになる。

　また債権自体，特に，金銭債権，預貯金債権のようなものですが，これが財産として重要な地位を持つようになって，物のように譲り渡されたりするようになってくる。物そのものよりも，物を目当てとした権利としての債権，特に金銭債権というものが，クローズアップされるようになる。日本民法の規定でいうと，抵当権の規定とか，債権譲渡規定などというのが，債権の財産的価値をバックアップしている。そのための制度化ということになるというわけです。おおまかな説明ですが，これは，我妻栄（1897-1973）が書いた『近代法における債権の優越的地位』（有斐閣，1953 年）が示すモデルということになります。

◇**民法の授業の編成**　ここまで，川島図式，川島シェーマと，我妻図式，我妻シェーマとを，おおまかに要約しましたけど，このように見てくると，民法というのは，所有権法プラス契約法，それから債権法プラス担保法，こういったものを中核にしていると捉えられることになります。

　実際のところ，川島先生は民法の授業を三つ（第 1 部，第 2 部，第 3 部）に分けて授業をされていました。第 1 部では物権を中心にする，第 2 部では債権を中心にする，ということで授業をされて

Ⅰ 価値原理としての civil

いたと思います。これは（所有権を中心にした）物権法プラス契約法がまずあって，その次に債権法プラス担保法が加わる。こういうことだったろうと思います。川島先生の教科書の前半の部分は出版されていますが，後半の部分は出ていません。しかし，所有権の部分が川島先生にとっては大事な部分だったので，後半が出版できなかったのは残念ではあるけれども，先生としては一番大事なところは出版できたということだったのではないかと思います。これは細かい話です。

　物権プラス契約が民法第1部，債権プラス担保が民法第2部だとすると，残る民法第3部という授業では，何をやっていたかということになりますが，これはあとで別の項目で話をします。

◇**定義の意味・含意 ── 資本主義経済社会のモデル**　その前に二つの観点から整理をすることによって，民法とは資本主義経済社会の法である，という定義の意味，ないし含意を示しておきたいと思います。まず一つ目ですが，**図表1**を見てください。

　左側の図，これは商品交換を法的に表現した図です。人が物を支配している。物を支配している人が二人いて，それぞれが支配する物を交換する。支配というのが法的には所有で，交換というのが契約である。こういう話です。この図は民法の教科書に出てきたりも

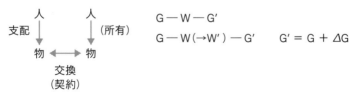

図表1　資本主義経済社会の法としての民法 ── 交換と所有

します。

　これに対して右側の図は，昔懐かしい図で今はあまり目にしなくなりましたが，マルクス主義経済学の一番基本的な図ですね。G—W—Gとなっていますが，「G」は「ジー」でなく「ゲー」かもしれませんね，ドイツ語なので。ゲーはゲルト（Geld），貨幣，金です。Wが「ヴァーレ」，「ヴァーレン」（Ware: 単，Waren: 複）かもしれませんが，商品ですね。

　金を商品に変えて，それをもう1回，金に換える。その間に，金が増える。これが資本主義である，というわけです。

　GがG′に変わるわけですが，G′＝G＋ΔG（デルタ・ゲー）である。元々のGよりも，ΔGだけ大きなものになるわけです。この増加分ΔGをマルクス主義の経済学においては「剰余価値」と呼ぶわけです。

　剰余価値が生み出されるのは，買った物W＝原料が，売るべき物W′＝製品に転換される，言い換えると，商品として買われた原料が製品になって，その製品が売られることを通じて，そのプロセスの中で，剰余価値が生まれるというわけです。そしてまた，剰余価値を生み出すのは，生産手段プラス労働力であると考えるわけです。まず，金を持っている資本家が，契約によって工場などの狭い意味での生産手段と労働力を買う。契約によって原料を買う。そして，できあがった商品を，今度は契約によって売却して，それをお金に変える。その間に，剰余価値が生ずるというわけです。

　こうした商品交換の過程を保障する民法というものは，資本主義経済社会の法である。こうした定式化は，今，おおまかにご紹介した，マルクス主義経済学の図式を念頭において組み立てられたと言うことができます。そして，この図式は，日本の戦前の社会科学の

I　価値原理としての civil

世界，あるいは知識人の世界で非常に大きな影響力を持っていたのです。日本のマルクス主義経済学の人たちは，川島先生の本をマルクス主義経済学の法学的な表現だと思って受け止めていたわけです。

　今の図解，図による説明は，商品交換に焦点をあわせたものですけれども，ここまでの説明と対応させるために，二つの補足が必要だろうと思います。

　いずれも，企業家が必要とする「物」に関わるのですが，一つは資金の調達，もう一つは労働力の調達ということです。資金や労働力を調達するということが，この G—W—G′ という図には出ていなくて，この図に書き込むことが必要なのですけれども，左側の，民法の図でいうと，資金の調達についても労働力の調達についても，それは契約に組み込まれるということになる。原料の調達とか，商品の販売は，それほど難しくありません。契約としては，皆さんがご存知の「売買」ということになる。買ってきて，作って，そして売るということで，原料を売買によって調達し，製品を売買によって売却するということになります。これに対して，資金の調達は「消費貸借」と呼ばれるタイプの契約ですね。借りてきたものを使ってしまって，あとで同じものを返す。消費貸借の「消費」というのは，使ってしまうということを言っているわけです。とりあえず借りた金を今は使って，あとで同じだけの金を返すということですが，資金は，この消費貸借によって調達される。労働力は「雇用」ですね。雇用契約によって調達されるということになる。さらに，先ほど工場などの生産手段と申し上げたと思いますけれども，工場の敷地を借りる場合には，それは契約としては，「賃貸借」という契約だということになります。

現在の民法は13種類の契約類型を設けて，規定をおいています
けれども，今，申し上げた売買，消費貸借，雇用，賃貸借，これら
は，その中の主要なものであるということになります。ここまでが
一つ目の観点からの整理です。

◇**定義の意味・含意 ── 民法典の編成との対応関係**　もう一つの
整理は，民法典の編成と，今の話を対応させるということでして，
図表2に，「財産法としての民法 ── 民法典の中での位置づけ」と

現行民法典
第1編　総則　　　　　　　　　　　　　　　　　　　　【民法総則】
第1章　基本原則
第2章　人　第3章　法人　第4章　物　第5章　法律行為
第6章　期間の計算　第7章　時効
第2編　物権　　　　　　　　　　　　　　　　　　　　【物権（法）】
第1章　総則　〜　第3章　**所有権**
第4章　地上権　〜　第6章　地役権（用益物権）
第7章　留置権　〜　第10章　**抵当権**　　　　　　【担保物権（法）】
第3編　債権　　　　　　　　　　　　　　　　　　　　【債権（法）】
第1章　**総則**　　　　　　　　　　　　　　　【債権総則（総論）】
第2章　**契約**　　　　　　　　　　　　　　　【債権各則（各論）】
第1節　**総則**　　　　　　　　　　　　　【契約（法）】【契約総則】
第2節　贈与　（**売買・消費貸借・雇用**…）　〜　第14節　和解
　　　　　　　　　　　　　　　　　　　　　　　　　　【契約各則】
第3章　事務管理　第4章　不当利得　　　【事務管理・不当利得】
第5章　不法行為　　　　　　　　　　　　　　　　【不法行為（法）】
第4編　親族　　　　　　　　　　　　　【家族法】【親族（法）】
第1章　総則（婚姻・親子・親権…）　〜　第7章　扶養
第5編　相続　　　　　　　　　　　　　　　　　　　　【相続（法）】
第1章　総則　〜　第10章　特別の寄与

図表2　財産法としての民法 ── 民法典の中での位置づけ

I　価値原理としての civil

いう資料を掲げておきました。

「現行民法典」は，第1編から第5編まであるのですが，目次の大きな項目を上げてあります。「第2編　物権」の「第3章　所有権」とか，「第10章　抵当権」，それから第3編の「債権」，これは「債権」，「総則」を太字のマークをしました。それから「契約」ですね。「契約」も，「総則」と「売買・消費貸借・雇用」というころを太字にしました。こうした部分が，資本主義経済社会の法としての民法というときに，クローズアップされる部分ということになります。

右側に，「担保物権法」だとか「債権法」だとか，カッコ書きにしていろいろ書いてありますが，これは教科書の表題です。たとえば『民法総則』『物権法』『担保物権法』『債権総則』『契約法』『事務管理・不当利得・不法行為』『家族法』。皆さん，こんなタイトルの教科書を，法学部に進学するとご覧になることになります。

民法の資本主義経済社会の法としての側面を強調すると，民法典のどこの部分が主に関係してくるかというと，それは物権編や債権編の規定であることがおわかりいただけると思います。

債権編の最後に出てくる不法行為というのは，所有権などの権利が侵害されたときに，損害賠償という形で救済を求めるための仕組みということになります。

他方で総則編の「法律行為」，これも網掛けにしましたけれども，これは広い意味での契約法の一部です。契約が中心ですが，たとえば遺言なども含めて，意思によって権利が変動する。言い換えると，権利変動は契約（二つの意思表示がある）によって，また，契約以外の単独行為（一つの意思表示しかない）によってもおこるわけですが，それらをあわせて「法律行為」と呼んでいます。

そうすると，法律行為とはおおまかに言えば契約である。不法行為とは所有権その他を保護するものである。これらも含めて，資本主義経済社会の法としての民法がある，と捉えることができることになります。

こうしてみると，資本主義経済社会の法という定義によって，全くカバーされない部分，それが親族編，相続編であることが分かりますけれども，では，この部分には意味がないのだろうか，この部分はどのように位置づけられるかというのが，次の話題になります。

(2) 財産法の優位と家族法の従属

そこで，次の項目に進みます。「財産法の優位と家族法の従属」という項目です。川島先生のような考え方のもとでは，財産法こそが民法の中心であって，家族法というのは，それに従属するものであるということになります。

今，「財産法」，「家族法」といったのですけれども，民法典の後ろ2編，親族編と相続編を「家族法」と呼び，前の3編を「財産法」と呼ぶというのが，普通の言葉遣いだと思います。

◇**家族法の位置づけ**　最初の話題は，その「家族法」の位置づけにかかわります。民法典の後2編は，かつては「身分法」と呼ばれていましたが，今は「家族法」と呼ばれるようになっていて，教科書や授業も「家族法」という呼び方になっているものが増えています。

この「家族法」の部分が，どのような意味を持つのかということですけれども，しばらく前までは，「家族法」は「財産法」との関

I 価値原理としての civil

係でどういう意味を持つのかということが議論されていたように思います。しかし，最近はあまり流行らないですね。流行らない理由は，先ほど紹介した，川島先生のような図式に対する関心が衰えてきていて，「財産法」こそが民法の中心である，では，「家族法」とは何なのか。こうしたことを考える，考えなければならないという気持ちがなくなってきた，ということではないかと思います。

「財産法」が中心だと考えると，では「家族法」はどうなるか。この点については，考え方は二つに分かれていました。

一つは，「家族法」も，基本的には財産関係を規律する法なのだ，とする考え方です。「家族法」は，家族という特別な関係に即した形で，財産に関するルールを定めているというわけです。だから，結局は「財産法」にほかならないという考え方で，図表3では一元論と書いたものがこれにあたります。民法は全体として「財産法」であるけれども，家族の財産については「家族法」という形で，特則になっているという捉え方です。

もう一つは，「財産法」部分と「家族法」部分とは，別のことを規律している，とする考え方です。**図表3**では右側の二元論にあたります。人と人との関係には，取引関係だけでなくて，これとは異なる関係もあるというわけです。それは財産関係ではないけれども，財産関係をバックアップするものである。こんな捉え方だと思

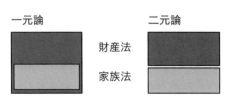

図表3　財産法と家族法の関係

います。

この二つのうちの最初の方の考え方は，婚姻のような場合にはよく当てはまります。対等な二人の人がいる。取引の世界では，基本的には民法のルールが適用されればいいのだけれども，でも夫婦だとすると，その間での取引については何か特別なルールが必要にならないか。そこで夫婦の財産関係について特則を置く。これは左側のモデルで説明しやすい。

右側のモデルは何を想定しているかというと，親子関係のような話ですね。親が未成年の子に対して扶養義務を負っている。それは別に取引によるわけではなくて，親というのはそういうものだということで，取引とは別のルールが定められている。親がいないと子どもは取引社会の中で生きていけるようにならない。生まれたときから売買契約を結んで，自分で財産を運用して，といったことができないので，資本主義社会のプレイヤーとして市場という舞台に登場するまでは，特別に親子という形で保護される。親子の関係はそんなふうな捉え方ができることになります。

◇**問題自体の消滅？**　いま申し上げたように，「家族法」のどの部分に着目するかによって，左のモデルの方がより当てはまるとか，右のモデルの方がより当てはまるとか，そういうことはあるのですけれども，どちらがよいかも含めて，そういう話はもう今はする必要もない，あまり関心もない，ということになってきているのではないかと思います。

つまり，問題自体が消滅しているのではないか。考えてみると，実は，図表3の左の見方も右の見方も，どちらも「財産法」を中心にするという点は共通だったのだろうと思います。その上で「財

24

I　価値原理としての civil

産法」との関係で「家族法」をどう考えるのかというわけです。家族法についても，なんとか説明しなければいけない。そこまで説明することによって，資本主義経済社会の法という民法の定義が完結する。こういうことで，川島先生は，民法第3部では，人，親族，相続，もう一つ法人というのが実はあるんですけれども，これらを取り上げて，お話になっていたようです。

　一方で，資本主義経済社会の法という見方そのものが，マルクス主義が廃れてくるのに伴って，だんだんと流行らなくなる。こういうことを強調する人たちが減ってきたわけです。それに伴って，財産法と家族法との関係に関する関心も失われてきた。資本主義経済社会の法とは何かということを説明しようと思わなければ，「家族法」はなぜあるのかということを，財産法との関係で説明する必要もないので，そんなことを議論する必要はないということになりつつあるのだろうと思います。

　民法はなんのための法であるか，「財産法」が優位にあって，「家族法」はそれに従属しているといったことについて，もはや考える必要もないのではないか。特に，民法の授業の最初のところで，そういうことを言う必要もないし，言ってもしかたがないという傾向が，1970年代から80年代に，実益志向の利益考（衡）量法学というのが流行るようになると，だんだんと目立ってきます。

　他方，2000年代以降には実定法志向の法律実証主義が浸透，あるいは浸潤していく。ある面ではこれは実益指向の利益考量論とは反対の傾向なのですが，大きな構えの理論から遠ざかるという点では両者は共通していて，「財産法と家族法の関係」などという話はあまり意味がないとする傾向に拍車がかかるということになります。

　その結果として，今日では具体的な問題を論ずるのとは別に，民

法とは何かということを語ろうという民法学者は，相対的に少なくなったと思います。民法は世界観，ビジョンではなくて，道具，ツールになった。民法学は，それぞれの制度や領域に関わる学，分科の学，科学となって，総体の機序，メカニズムに関わる学，理学ではなくなった。このように思われるわけです。そこで，その失われつつある理学を再び活性化させたい，しかし川島先生と違うやり方でというのが，今日の私の話の眼目であり，これからの話の中身であるということになります。

◇**中川善之助の身分法学**　私自身の考えていることをお話する前に，もう一つ触れておきたいことがあります。家族については，戦前には，親族編と相続編とを合わせて「身分法」と呼び，「財産法」とこれを対比する考え方がありました。こうした対比によって「身分法」の独自性を主張したわけです。これが中川善之助（1897-1975）の身分法学です。『身分法の基礎理論 —— 身分法及び身分関係』（河出書房，1929 年）という有名な本があります。

　中川善之助は「経済生活」，プロダクションですね。この側面を規律する「財産法」と，「保族生活」と言っていますが，こういう漢字の言葉を使うところが昔の人だなと思いますけれども，これはプロダクションじゃなくて，再生産，人間の再生産，リプロダクションですね。こちらの側面を規律する「身分法」がある。こういう対比をするわけです。

　あるいは，個々の人が契約という行為をする，そういう個体法，行為法としての「財産法」と，「統体法」という言葉を使われたのですが，統一，統合の統ですね，統体法，あるいは組織法としての「身分法」。こういう対比もするわけです。行為法としての「財産

法」に，「法律行為」というものがあるとすると，組織法としての「身分法」には「身分行為」というものがあるだろう。こうした見方がされるようになりました。

中川先生の個別の主張の中には，通説化したものが多い。通説というのは，支配的な見解ということですけれども，その一部は，「扶養義務二分論」のように，今や制定法になったものもありますし，「準婚理論」のように判例法になったものもあります。

このように個別の中川説の影響は非常に大きいのですが，基礎理論の部分はあまり支持されていないように思います。中川が示した，「財産法」の世界と「身分法」の世界によって，この世界はできているのだ，という見方は，あまり支持者はいない。しかし，そこから導かれた個別の議論は，いろいろな問題を含みつつ，しかし，なお支持を受けている。こんなことを追加して，（川島理論だけでなく）中川理論とも少し違う考え方をお話したいと思っています。

2 これからの civil ——「人の法」から見た民法

(1) 政治中心 ——「市民社会の基本法」としての民法

その少し違う考え方というのが，「これからの civil」，「『人の法』から見た民法」という話になります。お話したいことは，川島理論が経済中心の見方であるのに対して，これからお話をするのは，私だけではないので私たちと言っておきますが，私たちの見方は，言わば政治の方向に重点を移す。民法を「市民社会の基本法」と定義し，民法の政治的側面を強調する見方であるということになろうかと思います。

◇**民法の定義の更新**　民法の定義を変えることを試みたいという話から始めたいと思います。

　日本民法典は先ほど申し上げたように，1898 年にできましたので，1998 年に 100 周年を迎えました。いろいろな行事がありましたけれども，私自身は 1998 年に「90 年代日本の民法学」というゼミを開講しました。昨年，このレクチャーに来ていただいたのですが，道垣内弘人さん（1959–）という民法の先生がおられて，その先生と一緒に，このゼミを開講しました。1990 年代は，利益考（衡）量法学の見直しの気運が高まった時代でした。しかし，まだ法律実証主義は広がっていない，言わば谷間の時代というか，いい時代だったと思っていますけれども，理論志向がある意味で高まった時代だったと思います。

　そうした時代背景の中で，私が，他の何人かの方たちとともに，新たな民法の定義として提出したのが，先ほどは 4 番目の定義まで紹介しましたが，5 番目の，政治的な意味に着目した定義，私自身は「市民社会の構成原理」あるいは「社会構成原理としての民法」という言葉を使うことが多いのですけれども，平均的な表現でいえば，「市民社会の基本法」という定義です。

　民法とは，「市民社会の基本法」であると定義する。「市民社会」というのは，フランス語では société civile（ソシエテ・シビル），英語ならば，civil society（シビル・ソサエティ）ということになります。société civile，市民社会の法であると最初は定義しましたが，あとで私自身は，市民的諸権利 droits civils の法だという言い換えもしています。

　「私権の享有は出生に始まる」。これは，現在の民法 3 条 1 項の規定です。このときの私権は，「私」の「権」と書くのですけれど

I 価値原理としての civil

も，権は「権利」ということです。フランス語でもドイツ語でもそうですが，法を表す言葉と権利を表す言葉は同じで，フランス語では droit（ドロワ），ドイツ語では Recht（レヒト）という言葉です。単一の，一般的な存在として観念をしているときには，それは「法」（この点を強調するときには，客観法 Droit objectif と呼ばれる）である。複数の，各人に個別に帰属する存在として観念されるときには「権利」（主観法 droits subjectifs と呼ばれる）であると考える。そこで，droit civil という言葉は，権利の側面に着目するときには「私権」と訳され，法として捉えられるときには「民法」と訳されたわけです。

このうちの droit civil は，現代風に訳すとすると，「市民的権利」となります。国連の人権規約に，「市民的権利」という言葉が出てきますが，この言葉を使うならば，民法というのは「市民的権利の法」であると言い換えられる。「私権」といわれている droits civils は「市民的諸権利」であり，これによってできあがっている société civile が「市民社会」である。権利から離れて言えば，Droit civil は「市民社会の法」であるとも言えます。

いずれにしても，ここで問題になっているのは，civil の権利，civil の法，civil の社会なのですが，これらが日本語になると「私権」「民法」「市民社会」になってしまう。訳語がばらばらになってしまうのです。繰り返しになりますが，「民法」とは何かと問うときに，この civil という言葉に着目すると，citoyen（シトワイヨン）が定立する市民法 Droit civil によって，市民社会 société civile の中に市民は homme（オム）という形で現れる。民法典の中での「人」は，personne（ペルソンヌ）という言葉を使いますけれども，市民が，市民社会の中では personne として現れる。憲法の言葉で言う

29

と，homme（オム）として現れる。見方を変えると，「市民の法」（「市民的権利の法」「市民社会の法」）は民法典の中では「人の法 Droit de la personne」という形に変換される。そして，これは「財産の法 Droit des biens」とは対称的な位置に立つことになります。

　人権宣言というのがありますけれども，あれは「人」と「市民」の権利の宣言であり，「市民」というものが「人」というものを社会の中に作り出す。こうした見方ですね。これは，いま申し上げたように，フランス人権宣言の思想と平仄の合う，ある意味ではオーソドックスな見方であるということになります。

◇「市民／人の法」の背景　次に，「『市民／人の法』の背景」という項目を立てましたが，以上のような説明は，戦後日本のマルクス主義法学の中にあった市民社会派と言われる人たち，あるいはマルクス主義の影響を受けたウェーバー派と言うべき人たち，こういう人たちや，戦後日本の憲法学の中のフランス派の流れを汲む人たち，こうしたいくつかの傾向の人たちの支持を受けて，一定の影響力を持つようになったと思います。

　法学の世界で具体的な人物を取り出すと，もうお亡くなりになりましたが民法の広中俊雄（1926-2014），あるいは，こちらはご存命の憲法の樋口陽一（1934-），こういう先生方が言っていることと重なりあう。お二人とも東北大学の教授でしたけれども，広中・樋口学派と言ってもよいものが，緩やかな形で，現代日本の法学界には存在しています。そうした人たちの支持を受けて，今のような考え方が一定の影響力を保っていると言えます。

　1990年代にこうした考え方が出てくる背景には，いくつかの事情があると思いますが，五つのことを申し上げます。最初の二つは

I　価値原理としての civil

市民社会の基本法ということに関わり，続く二つが人の法ということに関わり，最後はその双方に関わってきます。

　一つ目は，東欧革命。これによって東ヨーロッパが総崩れになりますね，1989 年のことです。社会主義が崩壊して，そのあとに世界的に市民社会論が盛んになります。これを代表するのがユルゲン・ハーバーマス（Jürgen Habermas, 1929-）ですね。彼の『公共性の構造転換』という本の，新版につけられた序文，これは 1990 年に現れるものですが，これによって，社会主義のあとに来るのは市民社会である，これが私たちの世界を統合する原理になるという考え方が広がっていきます。

　二つ目に，20 世紀フランス民法学の第一人者ジャン・カルボニエ（Jean Carbonnier, 1908-2003）が提示した，「フランスの真の憲法＝構成原理 constitution は民法典である」という命題があります。これはカルボニエが 1986 年に書いた論文の中で示された考え方ですけれども，社会統合のシンボルとして民法典を捉えるという考え方です。フランス革命 200 周年を目前にして，これを視野に入れつつ，この 200 年を振り返って，民法典がフランス社会に対してどのような役割を果たしてきたのかという観点から打ち出された考え方だと言えます。

　このように，思想一般の世界で市民社会というものが復権し，またフランス民法というものを近代 200 年のなかで位置づけるときに，市民社会というものが強調されるようになった。これが第 1点，第 2 点です。

　第 3 点ですけれども，これもフランス民法典ですが，私生活の尊重という規定が，1970 年に民法典の中に置かれます。これに続いて 1994 年に，人身の尊重という規定が民法典に盛り込まれま

す。これらは原理的な規定，原則的な規定で，フランス民法典では非常に重要な規定であるとされています。この二つの規定を捉えて，ある学者は，フランス民法典200年の歴史は，「財産の法」を中心とした前半150年と「人の法」を中心とした後半50年とに二分されると言っています。プライバシーとか人身というものの価値が，20世紀の後半に急上昇してくるということになります。同様に，日本でも1980年代の後半から，人格権や人格的利益に関する判例が目立つようになってくるということがあります。これは日本の判例の話です。これが4番目で，実定法の世界で，すなわち法律（フランス）においても判例（日本）においても，「人」というものが持っているウェイトが増してきたわけです。

　最後に，5番目として憲法と民法という問題が提起される。日本では山本敬三さん（1960-），来週，ゲストとしてレクチャーをして下さる民法の先生ですが，彼が憲法と民法の関連づけということを強調されました。私自身は，それに対して，「民法の憲法適合化」，すなわち，民法を憲法に合わせるというのではなくて，「民法の憲法的地位」というのを示したいと考えました。憲法優位の関連づけではなくて，民法優位の関連づけを示したいと考えたわけです。民法と憲法の関係については，どちらも「民法の憲法化 constitutionnalisation du droit civil」という言葉で表現できる。民法が憲法に服している（憲法適合化がはかられている）という山本敬三説に対して，いや，民法は憲法のような地位を持つようになっている（憲法的地位を得ている）というのが，私の考え方ですけれども，憲法と民法という課題意識，プロブレマティックが現れてくるというのが，90年代だったと思います。そして，それを先導したのは山本敬三さんだったと言えます。

（2）国家観の転換と人間像の更新

◇**三つの民法と原則規定**　もう少し前半の話が続きますけれども，ここまでの話を国家観，すなわち国家というものに対する見方の転換，それに伴う人間像，人間というものに対する見方の更新，という観点から見てみたいと思っています。具体的には，三つの民法と原則規定という話をしたいと思います。

　「市民／人の法」として民法を捉えた場合，すなわち「市民社会の基本法」という観点に立って「人の法」を中心にして民法を見直した場合に，その基本となる考え方はどのようなものになるのか。交換と支配，あるいは契約と所有という基本要素とは別に，民法の中心をなすものとして浮上するのは何か。

　ここで，「民法0・1・2・3条」という話が，ようやく出てくることになります。「民法0・1・2・3条」と私が表現したのは民法の冒頭に掲げられた原則規定のことですが，この原則規定が変化している。その変化をたどることによって，民法に体現されている基本価値の変化を明らかにすることができるのではないか。

　この変化を図式化すると，**図表4**のようになります。

　私の『民法0・1・2・3条』が出版された時点（2007年）では，①明治民法，②昭和民法，そして③は「来るべき民法」となっていました。当時は，まだ近年の民法改正の動きが現実化してない時期だったからです。その後の一連の民法改正によって「平成民法」が登場し，この本の中で述べていた三つ目の時代の価値は，部分的に実現しつつあると言うことができると思います。

　民法改正は今も続いていますので，どの時点での民法を「平成民法」と捉えるかという問題はあるのですが，さしあたりここでは2020年の段階での民法を，「平成の民法」と呼んで整理をしておき

① 明治民法（1898年）＝ 19世紀型：国民国家の民法
　　→現3条1項（原1条）
② 昭和民法（1948年）＝ 20世紀型：福祉国家の民法
　　→現1条・2条（「0条」）
③ 「平成民法」（2020年）＝ 21世紀型：共和国の民法
　　→現3条2項・4条（原2条・3条）

図表4　「三つの民法」の価値原理

たいと思います。

　図表4にも示したように，三つの民法は，それぞれ19世紀，20世紀，21世紀に対応する。19世紀型というのは「国民国家の民法」であり，20世紀型というのは「福祉国家の民法」であり，21世紀型というのは「共和国の民法」である。そうした性格づけができ，かつ，冒頭の0・1・2・3条に対応させると，そこに掲げたような諸規定がこれらの国家観と対応する。そんな図式を描いてみました。この図式をもう少し詳しく見てみましょう。

◇国民国家の民法としての明治民法　明治民法の制定は1898年です。明治日本が近代国家としての体制を整備して，文明国として西洋列強と対峙していく。そのためにできたのが明治民法である。これが「国民国家の民法としての明治民法」という見方です。

　民法制定によって実現しようとされていたのは国民国家を樹立するということであった。そのために必要とされたのが，均質な国民，形式的に平等な国民を創出するということであった。

　民法の現3条1項，明治民法の旧1条はこのことを実現すべく，権利能力平等の原則といわれる考え方を打ち出した。権利能力はドイツ語の翻訳ですけれども，権利を持つ資格，権利享有資格である

I　価値原理としての civil

と言うこともできます。権利能力平等というのは，権利を持つ（かつ義務を負う）ことができる資格を，すべての人が持つということです。現3条1項の「私権の享有は，出生に始まる」には，そのことは正面からは書かれていないのですが，この規定の前提として，「およそ人は私権を享有する」というルールがある。その上で，「私権の享有は出生に始まる」というルールが続く。そう理解するわけです。

　「およそ人は私権を享有する」というのは，あとで別の文脈でお話をする，旧民法人事編1条というところに定められていた規定ですが，明治民法では，当然のことについては規定を置くまでもないということで，この規定をわざわざ置くことはしない。当然でない点，いつから始まるかという点だけが規律の対象にされたというわけです。

　民法典ができるのに先だって，明治国家は四民平等を打ち出していて，農工商の3身分は「平民」にされていたわけですが，すべての人が権利を持ち義務を負いうる独立の主体，すなわち「人 personne（ペルソンヌ）」となる。言い換えると，民法の世界にすべての「人」が登場するということが実現することになったわけです。

　その場合のすべての「人」というのは「国民」ですね。「外国人」は含まない。外国人は，現在の規定で言うと，3条2項（元々は2条）で規律されている。およそ人は私権を享有するというのですが，この「人」とは日本人で，「外国人は，法令又は条約の規定により禁止される場合を除き，私権を享有する」ということで，別扱いがされている。日本人であれば，という前提を置いた上で，権利能力という点では同じように扱うという考え方が打ち出されたということになります。

35

このように明治民法が樹立したのは，（抽象的な権利能力のレベル
で）平等な国民からなる国民国家だったと言えるだろうと思います。

◇**植民地国家と民法典**　ただ，すべての国民が本当に平等に扱われ
たのかという点については，留保が必要です。本当に平等かという
のは，この人とこの人が本当に平等なのかという話ですが，同じ日
本国民であるとしても，植民地の人たちは，内地の人とは異なった
扱いを受けていたのではないか。この問題は非常に大きな問題とし
て存在しています。

　これは，日本だけではなくてフランスにもある問題で，アルジェ
リアに住んでいたアルジェリアの人達は，フランス人と同じように
扱われていたかというと，そんなことはないですね。

　日本は戦前は植民地帝国でしたが，フランスも，植民地共和国と
いう言葉が最近使われますが，共和制ではあるけれども植民地支配
をしていた。そこでは，人はみな平等，国民はみな平等なはずなの
ですが，実は植民地人は平等として扱われる対象から除外されてい
る場合もありました。それはカッコに入れて，ともかくも国民国家
というものが実現した。

　すべての国民が平等な人として捉えられて，それぞれに権利をも
つということによって，経済の発展に必要な自由な取引が可能に
なった。こういう説明がされることになります。

◇**社会国家の民法としての昭和民法**　これに対して，昭和民法（**図
表4の②**）は，敗戦によって憲法が改められたことに伴う民法改正
によって登場することになります。新しくできた現2条，当時は1
条の2という形で付け加えられましたけれども，この規定は憲法

Ⅰ　価値原理としての civil

24条を受けて，「個人の尊厳と両性の本質的平等」を民法の解釈原理として掲げています。これと並んで重要なのが，当時の新1条の2の前にさらに新1条が設けられて，「公共の福祉」，「信義誠実の原則」，「権利濫用の禁止」という基本原理が掲げられたということでした。

　新しい1条のうちの2項，3項は，1920年代，30年代を通じて，判例が形成した権利制限の法理を明文化したものでありました。これに対して，「私権は公共の福祉に遵う」という1条1項は，1919年のワイマール共和国憲法153条「所有権は義務を負う」，そして，「その行使は公共の福祉に役立つ，役立たなければならない」という規定につながる規定だと見ることができるだろうと思います。「所有権は義務を負う」は，権利濫用とつながるところもあるのかもしれませんが，公共の福祉というものが，こんな形で出てくることになります。

　ワイマール共和国以来の社会国家の思想，社会主義国家によって刺激され，これと対抗するために展開された思想ですね。これは日本国憲法の社会権規定にも反映しているわけですが，新しい民法（昭和民法）の1条は全体として（2項3項も含めて）社会国家の思想を民法において表現したと，いま捉え直すことができるだろうと思います。社会国家の思想自体が，国家の制度として福祉国家として現実化するのは1970年代以降ですけれども，思想としては戦後の段階で社会国家というものが示されていたと捉えることができるのだろうと思います。

　1条1項の「公共の福祉」に対しては，当時1条の2の「個人の尊厳」が対置されて，社会国家化の行き過ぎを牽制すると理解されていたと思います。逆に言うと，1条1項によって個人主義が制約

されることに対する警戒感が，当時はかなり強くあったように思います。

　それはそうであるのですけれども，大きな流れとしては，いま申し上げたような社会国家への動きというのを体現しているのが，昭和民法であると説明できるのではないかと思います。

◇**「平成民法」の登場**　最後が，最近の民法改正の話ですが，カッコ付きの形で「平成民法」と呼びたいと思います。

　明治民法という言葉は，学界に定着した用語だと思います。昭和民法は，戦後，一時使う人がおり，最近までこの言葉を使っている人もいましたけれども，それほどは使われてはいません。しかし，昭和民法という言葉遣いがあることは確かです。これに対して「平成民法」という言葉遣いはこれまでのところはないのですが，私は，「平成民法」という呼び方をするとよいのではないかと思っています。明治の法典編纂期，昭和の戦後改革期に続いて，現在は第3の法制改革期と呼ばれる時代ですけれども，この時期の継続的な民法改正を通じて出現しつつあるのが，現在の平成の民法であると捉えることができます。

　一連の改正は三つのグループに分けることができ，**図表5**では，債権法改正の前のもの，債権法改正と並行して行われたもの，それから，それよりあとのもので平成期に始まったもの，これら三つをあわせて，「平成民法」と呼んでいます。

◇**共和国の民法としての「平成民法」**　「平成民法」というものをひとまとまりのものとして捉えられるとすると，これに対応する国家観は「共和国」と呼べるのではないかと思っています。現在の日本

I　価値原理としての civil

前期	債権法改正前に行われたもの 1999 年（成年後見・遺言）・2003 年（担保）・04 年（保証）・06 年（法人）
中期	債権法改正と並行して行われ，改正債権法施行（2020 年 4 月）までに施行されたもの 2012 年（親権）・17 年（債権法）・18 年（相続）・19 年（養子）
後期	平成期に始まったもの 2018 年（成年年齢），21 年（所有者不明土地）・22 年（親子・親権） ＋ 2024 年（離婚後養育，担保） ＊ 4 月時点で前者は要綱，後者は中間試案。いずれも年内に改正法が成立する見込み〔担保は 2025 年に持ち越し〕

図表 5　継続的改正と平成民法の出現

を「共和国」と呼ぶというのは一つの問題ですけれども，あえて「共和国」と呼びたいと思っています。

　ここでの「共和国」は，政治制度としての共和制を採用した国家という意味ではなくて，「共和国」の語源である「レス・プブリカ（*res publica*）」＝「共通のもの（そのための国家）」という意味でそう言いたいと思います。そのインプリケーションについて説明するためには，国家観から人間像へと視点を移す必要があります。そして，私がかつて提示した「0・1・2・3条」を，いま見直すということは，この人間像の転換ということに関わっています。

◇ **civil の再定義 ── 国民国家の段階**　そこで civil の再定義という課題が，前半の最後の話題になります。

　国民国家の民法，社会国家の民法，そして共和国の民法へと変化

が進んでいるとすると，これを人間像の側から見るとどうなるか。それは civil の再定義という問題と繋がります。civil の概念が時代に応じて書き換えられている，こうした形で捉えることができるのではないかと思います。

　最初の国民国家の段階の民法というのは，「人」を，生身の人間を抽象化して権利義務の帰属主体として捉えます。資本主義経済社会の法としての民法モデル，すなわち川島モデルでは，財は交換によってそれ自体が増殖します。G—W—G′，そこには資本の運動法則が働いているというわけですね。

　ただ，資本は自分だけで増殖するのかというと，それを実現してくれる媒体が必要です。資本の，財の「乗り物 véhicule」が必要になります。この「乗り物」が「人 personne」である，ということになります。

　川島モデルでは，所有と契約が論じられたあとに，初めて「人」が現れる。さしあたりそれは生身の人，「ペルソンヌ・フィジック（personne physique）」と呼ばれます。「自然人」という言葉も使われますが，「人」は必ずしも「自然人」でなくてもよくて，観念的な存在である法人，「ペルソンヌ・モラル（personne morale）」であってよい。ともかく権利義務の「乗り物」があれば，それに乗る形で，資本は増殖していく。そう捉えることができるわけです。

　このように，「人」が自由に「財」を交換する社会。「財」が自由に流通し増殖する社会。これが，**図表6**（46頁）の①，明治民法における société civile（ソシエテ・シヴィル），市民社会の主要な面だろうと思います。

　ドイツ民法典は BGB（ベーゲーベー）と略称されますが，ドイツ語では Bürgerliches Gesetzbuch です。ここで言っている Bürger が

「市民」という言葉にあたります。この時の市民というのは「国家」と区別されるところの「市民社会 bürgerliche Gesellschaft」を指しています。経済社会としての市民社会という意味です。

　フランス語に直すとすると，それは société bourgeoise（ソシエテ・ブルジョワーズ）となる。ブルジョワ社会という言葉がありますけれども，市民社会のうちの経済社会としての側面を重視した捉え方をすると，それはブルジョワ社会ということになる。そのときに現れる「人」というのは，財産の交換の担い手，乗り物ではないか。こんな見方ができるというわけです。

◇ **civil の再定義 ── 社会国家の段階**　これに対して，②の段階，すなわち社会国家・福祉国家の段階で登場する「人」というのは，より具体的な存在であって，戦前だと小作人とか労働者，戦後だと借家人とか事故の被害者とか消費者，こういう人たちですね。

　これらの人々の法的保護，それは弱者保護と呼ばれたわけですけれども，この弱者保護を通じて，社会問題を解決する。これが20世紀民法学，社会国家・福祉国家の民法学の課題であったと言えるだろうと思います。

　聴き流していただいて結構ですが，末弘嚴太郎（1887-1951）の『農村法律問題』（改造社，1924年）とか『労働法研究』（改造社，1926年），星野英一（1926-2012）の『借地・借家法』（有斐閣，1969年），加藤一郎（1922-2008）の『不法行為』（有斐閣，1965年），北川善太郎（1933-2013）の『消費者法のシステム』（岩波書店，1980年）といった本が，今のような一連の問題に対応をする代表的な研究であったと言えると思います。

　市民社会は，社会化された市民社会（société civile socialisée〔ソシ

エテ・シビル・ソシアリゼ〕），あるいは社会主義的市民社会（société civile socialiste〔ソシエテ・シビル・ソシアリスト〕）になった。明治民法が創出した市民社会①が抽象的な人の形式的な平等のもとでブルジョワ支配が貫徹するブルジョワ社会であったのに対して，昭和民法の市民社会②は，具体的な人の実質的平等を目指す社会的市民社会へと向かった。そう見ることができます。

◇ civil の再定義 —— 共和国の段階　そのあとの③，すなわち，私たちの時代はどうなのか，どのような「人」が想定されているのかというと，現代の「人」は「差異」とともに「普遍性」を持つ人として現れる。違いはあってそれを承認することが求められると同時に，その上で普遍的な共通の「人」として捉えられる。考えてみると，明治の時代からすでに，外国人，子ども，障害者，そして既婚の女性が，「人」であるとされつつも特別な扱いを受けていたわけです。

「0・1・2・3条」のうち，国籍に関しては，旧2条（現3条2項），外国人についての話は前に少ししました。年齢に関しては，旧3条（現4条），かつては20歳いまは18歳ですが，一定の年齢を超えると成年で，それ以下は未成年ということになります。国籍や年齢によって人を区別するという考え方がとられてきたわけです。また，障害に関しては，規定はやや細かくなりますが，精神障害者について能力制限のための特則が置かれています（現7条〜19条）。さらに性別に関しては，かつては既婚女性（妻）についてやはり特別な制限規定（旧14条〜18条。1947年に削除）が置かれていました。もっとも，これらの規定には保護のための規定としての側面もあります。

I　価値原理としての civil

　これらの人々のうちの，女性，および子どもの権利を擁護するというのが，20世紀日本民法学のもう一つの課題であったろうと思います。それを象徴するのが穂積重遠（1883-1951）の『離婚制度の研究』（改造社，1924年）という研究だったと思います。

　かつては，いま挙げたような人たち，マイノリティと呼んでよい人たちが，マジョリティと区別されて1段低く扱われ，そうであるがゆえに保護の対象になっていたのだろうと思います。では，マジョリティというのは，どういう人かというと，「帝国臣民」にして，「健康」である「成年」「男子」ですね。日本国籍を持っていて，健康であって，成年に達していて，男子である。これがマジョリティです。これに対して，帝国臣民でないのが外国人で，健康でないのが成年被後見人など，精神上の障害によって判断力がない人たちですね。そして未成年者がいて，さらに（既婚の）女子がいる。こういう四つのカテゴリーの人たちがマイノリティであって，劣るが故に保護すべき人であった。

　こうした扱いがされていたとすると，今日においては，これらの人々に対しても，普遍的な処遇をすることが求められる。しかし場合によって，これらの人々が持つ差異に対して，一定の配慮をするという考え方になってきているのだろうと思います。ユニヴァーサル・デザイン universal design という言葉がありますが，障害の有無など個人の属性・差異を考慮に入れた上で，誰もが同じように使えるようにする。これはまさに，差異を考慮に入れた普遍ということかと思います。

　抽象的な一元論から，経済力の格差の意味に着眼した二元論に移り，そして今日ではさまざまな属性・差異を考慮に入れつつも普遍的な観点が再導入されつつある。こんな流れを抽出できるのではな

いかと思います。

　たとえばこのことは，子どもを保護の対象とする見方からの脱却に現れていると思います。2022年の民法改正によって導入された新821条という規定は，子どもの人格の尊重を打ち出しています。子どもであっても人格の尊重が重要だというわけです。また2024年の民法改正では，父母の間での人格の尊重に関する規定が提案されて採用されました。こちらは，たとえ別れた夫婦であっても，子育ての場面では互いに相手の人格を尊重する必要があるということです。あるいは心身の状態や生活の状況，また生活の維持などに対する配慮というのも，同じような発想に立つ規定であると評することができるかと思います。

◇**暴力の拒絶／礼節**　さらにもう一つ，人身の尊重に関する規定，暴力の拒絶を示す規定が，民法の中に増えてきています。これも大きな特徴だと思いますが，これらを合わせて，「人の法」の基盤となる規定が厚みを増してきているということを申し上げておきたいと思います。

　暴力のない状態というcivilité（シヴィリテ）という言葉で，表現する人がいますけれども，ここにもcivilという言葉が含まれています。ここでのcivilの反対はsauvage（野蛮）ですね。civilとは「文明化された」「洗練された」ということで，civilitéは「礼節」というか，人々が礼儀にかなっている状態や場合を指すのだと思いますけれども，そういうことが求められているということも，現在の一つの流れだろうと思います。

◇**共和国＝包摂的で参加的な市民社会**　こうした人間像に立脚した

I 価値原理としての civil

市民社会は，包摂的で参加的な市民社会，フランス語で表現するならば société civile inclusive et participative（ソシエテ・シビル・アンクリュシヴ・エ・パルティスィパティヴ）といった形で定式化できると思います。そして，これに対応する国家，包摂と参加によって性格づけられる国家を，「共和国」と呼ぶことになるのだろうと思います。

　この呼び方は，現代における「人」の別の側面，すなわち「市民」としての側面にも着目して提案されています。この場面での市民は，必ずしも政治的な権利，参政権を持つものに限らない。あるいは個人として，あるいは NPO などの非営利団体を通じて，公論に参加する。狭い意味での（経済社会とは別の）市民社会で活動するすべての人を指す。そこには外国人も未成年者も含まれる。そのように捉える必要があるのではないかと思います。

　実は，明治民法の「私権」という言葉にも，こうしたものが含まれていたと捉えることもできるのですけれども，今日，改めてこの面が見直される必要があるのではないかと思っています。この点については，後半で，また別の文脈でお話をしたいと思います。

　ここまでで，一区切り，前半の話は終わりということになりますが，直近の話を図にすると**図表6**のようになろうかと思います。

　「民法0・1・2・3条」という図式に従って見てみると，抽象的な個人，国民としての個人が，自由に取引を行うことによって支える国民国家の時代から，いわゆる経済的な格差に着目して，具体的な差がある弱者というものが析出された時代，すなわち，「人」の概念と「国家」像の転換を反映した社会国家の時代，そして，これらとは違う「人」の様々な側面に着目しつつ，それを再統合しようとする社会の動きとこれに対応する現代，すなわち「共和国」の時

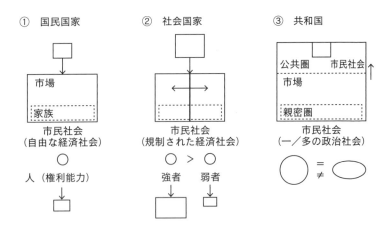

図表6 「三つの民法」の社会像・個人像

代。このような形で、民法に投影される社会観、社会的価値は変化してきたと思いますけれども、だからこそ、民法というものをそうした社会像の変化を映すもの、価値観の変化を体現したものとして捉える必要があるのではないか。前半では、このようなことを述べてきました。

ここで10分だけ休憩して、その後に再開したいと思います。

Ⅰ 価値原理としての civil

 小粥先生との対話

小粥：質問いいですか。
大村：はい，どうぞ。
小粥：前半の１「財産法」と２「人の法」の違いですけれども。言葉としては，１は経済で，２は政治と対応させられていました。２つ気になることがあって。１つは，大村先生の持ちネタである，契約正義論というのは，客観的な正義があって，これを経済の論理に組み込むことによって，それで野放図な自由を倫理化しようというものだと思います。それは経済分野の論理だけども，中身としては後半部分に関わっている。要するに質問の主旨は，経済と政治の違いがよく分からないということです。

もう１つは，広中・樋口学派への言及がありました。この学派の人たちは，すごく強い個人像を想定している。つまり闘って自分の権利を勝ち取る。広中先生の反戦理論は，署名運動とか反戦活動とかを積極的にやらないと，憲法９条を守れないということになる。憲法９条を持つからには，戦争にならないようにするにはどうすればよいかを具体的に考えないと，行動しないとだめだということ，人間はそうあるべきだという前提でやってらっしゃると思うんですね。そうした人間像と，図表４の②の昭和日本の世界，あるいは特に，③の違いを承認しつつ包摂するというもの，樋口先生は分かりませんが，広中先生はこれらを拒絶して，「お前，そんなんじゃダメだ」とおっしゃるのではないかという気もします。

その意味でも，大村先生が対置された経済ベースの民法の世界と，政治中心の民法の世界というのは，厳密には違いはどこにあるのか，ということをもう少し聞きたいです。
大村：なるほど。非常に面白い問いですが，それは，川島シェーマが打ち立てた市民社会において，国家の位置づけとか，あるいは市

民社会以前の社会の位置づけというものは，どうなっているのかということに繋がるのかもしれません。川島先生の，できあがった市民社会というのは，自律的に運動していて，その中に，弱者というものは構造的には出てこないのではないか。そういう問いになるように思います。

小粥：そうすると，割り切った言い方をすると，川島も国家を所与としていて，それで，どうやって社会ができるのかという理論を持っていないので，経済社会で自律をすることを，あと後づけで理論化しているということになる。現実の，いろいろな人がいる社会を形成するというところから考えると，このモデルには限界がある。そういうことになりそうだけれども，その答えは，広中，樋口と相性が悪い。

大村：広中，樋口の話は，また別なのですけれども。トータルな人間として川島先生はどういう存在を想定していたのかはわからないところがあるのですが，川島モデルで示されている民法のイメージというのは，やはりなにか……

小粥：人間中心ではない。

大村：閉じていて，なんというべきか，システムとして動くようなもの，やはり原理論なんだと思うのです。資本主義の原理を示しているというものである。

　繰り返しになりますが，それが本当に川島説ですかと問われると，川島説はそれよりは幅があるのかもしれない。戦後，たとえば家族法について川島先生は，我妻先生に比べるとあるところまでは進歩的なことをおっしゃるわけですね。これからの家族のあり方のようなことをおっしゃる。だから，そういうときには家族，あるいは近代的な人についての一定のイメージを持っておられる。

　川島先生は，人を，完全に「乗り物」として扱ったのかというと，川島先生自身はそうではないと思うのですが……。

小粥：『所有権法の理論』はそうだと。

I 価値原理としての civil

大村：はい。『所有権法の理論』の中では，そうなるという感じが
します。それは，マルクスは「人」をどう扱っていたかということ
とも関わっていて，資本論の世界に何か，人間らしい場所はあるの
かという問いに繋がる。そうなると，初期マルクスに回帰して，い
やいやマルクスももっと人間的なものを含んでいたはずだといった
議論はあり得る議論だろうとは思うのですが。

　川島モデルは，モデルとしてはやはり，そうしたものは含まない
という感じがしますね。他方で，より広くとらえた川島先生の考え
方にしても，その射程は現代にまで及ぶのかというと，そこには時
代的な制約がある。よしあしとは別に，やはり川島先生の社会像，
あるいは家族像はかなり限定されていて，今日的な状況に対して
は，先生が想定されている資本主義の下での家族像が崩れつつある
といったイメージをお持ちになっていたように思います。

　その上で，私が考えたときに，私の経済の中には，市場以外のも
のが組み込まれていると思っています。言い方を変えると，川島先
生の経済モデルは経済というものを切り詰めた，ある方向に純化し
たものなのだけれども，実は経済というのはそうじゃなくて，いろ
いろなものに支えられて存在しているものであって，それを政治と
名づけるならば，そこにあるのは政治経済ということになる。

　それを前近代的な道徳と名づけるなら，それも一つの要素だろう
と思います。単なる経済ではなく道徳経済がある。以上が，さしあ
たり，一つ目についてのお答えです。

　二つ目については，弱い個人かどうか分からないですけれども，
人間に対してそれほど禁欲的でないというか楽観的ではないという
か，過大な期待はできないと，私は思っています。あるいは，何か
決定をするのには，それを支える仕組みがないと私たちは能力を発
揮できない。そうした社会的・制度的な人間観が私の人間観だろう
と思っています。

　では，樋口さんや広中さんは，どうなのだろうかというと，たし

かに，私などよりはずっと強い人間像を想定しているとは思うのですが，少なくとも樋口さんは，21世紀に入ってから，あるいは，後半になってからは変わってきているようにも思います。

小粥：はい。

大村：私は，sociabilité（ソシアビリテ），社交についての本を書いたことがありますが（『フランスの社交と法』〔有斐閣，2002年〕），その際に，ルソー（Jean-Jacques Rousseau, 1712-78）かトクヴィル（Alexis de Tocqueville, 1805-59）かという問題について，樋口さんは，かつては，トクヴィルではなくてルソーだ，中間団体を排除して個人を自律させて，というモデルに立っておられたけれども，でもルソーとともにトクヴィルもになってきているのではないか，と私は感じました。

小粥：そうですね。

大村：だから，そこには，なんというか，少なくとも強い個人が他者の干渉を排除して，というのではない社会像が根ざしてきていると思うのですね。あるいは強い個人が，その周囲の力を排していれば，それでよいというのとは異なる展望を，樋口さんは持ち始めているというか，持たざるを得なくなっている。

　広中さんも，やはり変わってきているところがあって。広中さんという人は難しい人ですけれども，あの人は戦う個人ではあるのだけれども，しかし優しい人間でもある。怖い人ではあるのだけれど，どんな人にも自律せよと求める人ではないと思うのです。

小粥：なるほど。

大村：やはり人間の，様々な面を見ている。元々，文学青年ですからね，あの人は。そういうところがある人なので，なんというのか，簡単には割り切れない。

小粥：そうですね。たしかに愛がある人ですね。

大村：そう，愛がある人なのですよ。確かに，広中，樋口は，背筋を伸ばした人たちなんですよ。でも，そこにはやせ我慢も入ってい

I　価値原理としての civil

る。

　私たちは背筋を伸ばして生きなければいけない，そう思ってはいても，でも背筋を伸ばして歩けない人がいるということは，やはり織り込まれている。

小粥：ええ。

大村：だから，別の言い方をすると，あの人たちはエリート主義の人だということにもなる。エリートとしての責任を負わなければという気持ちがある。

Ⅱ 認識枠組としての civil
── 新・民法０・１・２・３条を見出す

大村：それでは，後半の話に入りたいと思います。

　後半は，「認識枠組としての civil」ということで，民法の別の規定を取り出して，それらを素材にお話をしたいと思っています。

◇**新「０・１・２・３条」**　civil の認識枠組としての側面ということで，新しい０・１・２・３条，前半の０・１・２・３条とは別のものを取り出してみようと思います。次に掲げた条文を見てください。

【旧法例】
第１条（通則法２条）　法律ハ公布アリタル日ヨリ満二十日ノ後ハ之ヲ遵守ス可キモノトス但法律ニ特別ノ規定アルモノハ此限ニ在ラス
【旧民法】
人事編第１条　凡ソ人ハ私権ヲ享有シ法律ニ定メタル無能力者ニ非サル限リハ自ラ其私権ヲ行使スルコトヲ得
財産編第１条　財産ハ各人又ハ公私ノ法人ノ資産ヲ組成スル権利ナリ
２　此権利ニ二種アリ物権及ヒ人権是ナリ
債権担保編第１条　債務者ノ総財産ハ動産ト不動産ト現在ノモノト将来ノモノトヲ問ハス其債権者ノ共同ノ担保ナリ但法律ノ規定又ハ人ノ処分ニテ差押ヲ禁シタル物ハ此限ニ在ラス
２　債務者ノ財産カ総テノ義務ヲ弁済スルニ足ラサル場合ニ於テ

ハ其価額ハ債権ノ目的，原因，体様ノ如何ト日附ノ前後トニ拘ハ
ラス其債権額ノ割合ニ応シテ之ヲ各債権者ニ分与ス但其債権者ノ
間ニ優先ノ正当ナル原因アルトキハ此限ニ在ラス
3　財産ノ差押，売却及ヒ其代価ノ順序配当又ハ共分配当ノ方式
ハ民事訴訟法ヲ以テ之ヲ規定ス

　「法例」，これは法律の名前ですね。今日では，「法の適用に関す
る通則法」という名前に改められていますが，「法例」というの
は，まさに「法の適用に関する通則」ということを意味していたわ
けです。漢語を理解する能力が衰えてきたので，法律の名称を改め
てその意味をわかりやすく示したということだろうと思います。こ
うした言い換えを漢語（専門用語）を「開く」などと表現するよう
です。今日では通則法の冒頭に，かつてはなかった目的規定が置か
れたので，旧法例の1条は通則法の2条になっています。この旧
法例1条と，旧民法典の人事編，財産編，債権担保編の，それぞ
れ冒頭におかれた規定，つまり，四つの第1条を集めています。
　旧民法は，これら3編の他に財産取得編と証拠編を加えて全5
編，全体で五つの編によりできあがっていましたけれども，条文は
通し番号ではなかった。編ごとに新しく1条から計算が，カウン
トが始まる，ということになっていました。民法○条というのは，
条数と呼びますけれども，条数は編ごとに与えられていたわけで
す。全部で5編あるので各編に1条がありますので，合計で五つ
の第1条が存在するということになります。
　ところで，旧法例は，もともとは旧民法典の冒頭に置かれるべき
ものとして起草されていました。旧法例は明治23年法律97号で
すが，旧民法人事編は明治23年法律98号で，続けて立法されて

いることがわかります。現行のフランス民法でいうと，最初の1条から6条までの部分がこの旧法例に相当する部分ですが，すべての法律についてその適用の仕方に関するルールをまず定めて，それから具体的な民法の内容に入るというつくりになっています。ですから，形式的には独立の法律になっていても，実質的には見れば，旧法例は旧民法の一部であったともいえます。つまり，ここに集めた四つの第1条はすべて，広い意味での旧民法の六つの編の冒頭の規定であるということになります。

　この旧民法の四つの第1条（民法1・1・1・1条）を並べて，改めて新0・1・2・3条と呼んでみようということです。「新」と呼んだのは，これらを基本規定として，前半で取り上げた0・1・2・3条とは別のものとして，新たに取り出したという意味です。

◇**認識枠組としての civil の重層性**　新0・1・2・3条は，民法が体現する基本的な認識枠組の構造を示すものとして捉えることができるのではないかと思っていますが，こうした捉え方は，認識枠組としての civil というものの重層的な捉え方に依拠しています。

　ここでの civil は二つの層に分けて考えられる。対象レベルでの話と，それよりも一つ上のレベル，「高階の」という言い方をすることもありますが，メタレベルでの話に分けられるだろうと捉えています。生物としての人，homo sapiens（ホモ・サピエンス）が，法の世界では，一方で「人」，民法でいえば personne（ペルソンヌ），人権宣言でいえば homme（オム），他方で「市民」，citoyen（シトワイアン）という形で現れる。このことが，今，申し上げた認識レベルの重層性ということと関わっているのですが，この点に着目するという観点から，お話したいと思っています。

そこでまず，「対象レベルでの civil」ということで，「人と物／人と財産」という対比についてお話をし，そのあとで，「メタレベルでの civil」ということで，「社会契約と契約社会」という話をしようと思っています。

1　対象レベルでの civil ── 人と物／人と財産

(1)　世界の対象化と支配の態様

　Ⅱの1の(1)は，内容目次には「世界の対象化と支配の態様」と書きましたが，旧民法の人事編1条の世界構成と，財産編1条，債権担保編1条の世界構成と，それぞれが世界というものを，どのように捉えているか，法的に組み立てているかという話です。

◇**旧民法人事編1条の世界構成**　旧民法の人事編1条は，旧民法典の出発点となる規定です。順番としては，財産編のほうから先に起草しているのですけれども，論理的な規定の配置としては，人事編が先に来ると考えられていました。

　すでにお話しましたように，そこでは全ての人が権利を享有するということが宣言されているわけです。少し細かく言うと，人と権利主体，権利の主体になるものとの関係をどう捉えるかという点は，多少議論がありうるところで，人は権利主体に含まれるのか（人⊂権利主体か），あるいは，人は権利主体とイコールなのか（人＝権利主体か），そういうところは理解が別れうるのですけれども，いまはそこのところは省略をして考えたいと思います。

　権利主体となるのは「人」，または人と同視しうる法人として扱われるものに限られ，その他の存在，私たちの世界に存在するその

Ⅱ　認識枠組としての civil

他のものはすべて，「物」，chose（ショーズ）であって，これは権利主体とならない。逆に権利の客体となるのは「物」，または物の複合体であって，それ以外の存在，すなわち「人」は，直接に権利の客体というになることはないという，人と物の二分法を見いだすことができる。おおまかに言うと，民法は，世界を「人」と「物」とに切り分けて，人が物を支配するという形で世界を認識する，こうした見方を反映しているのだろうと思います。

　これは自然な認識であるようにも思われますが，実際にはこのようにして世界を構成している，捉えていると考えなければならないだろうと思います。そのことは，実は旧民法でも前提とされていたと思います。財産編には，今回は具体的な規定を引用していませんが，集合物とか，包括財産といった概念に関する規定があります。その規定には次のように書いてあります。「左のごとく見ることを得」とあって，集合物や包括財産として見ることができると，そう捉えることができるという表現がされています。

　あるいは，動産，不動産。物のうち，動かないものが不動産で，それ以外が動産であるとされていますが，これも旧民法に興味深い規定があります。動産・不動産の中には，性質による動産・不動産というものがあります。「性質」は nature（英：ネイチャー，仏：ナチュール）ですけれども，性質上，動産である，不動産であると定める規定がある。それだけならば，私たちの世界を反映しているように見えるのですけれども，もう一つ，用方（destination〔デスティナシオン〕）による動産・不動産というものがあります。

　私たちがそれをどのように使うかという，使い方によって，動産扱いされる，不動産扱いされる，こういう物があるわけです。性質によるものは，自然にそうなると言いやすいのに対して，用方によ

るというのは，人間の都合によるということですね。人間の都合に
よって，あるものが動産になったり，あるものが不動産になったり
ということになる。人の視点や目的に応じて，物の属性も変わると
いうことが分かります。

　「人」，「物」の区別は，生来のもの，自然なものではなくて，人
為的なものである。生来の，自然の，と言いましたけれど，これは
naturel（ナチュレル）。これに対して，人為の，と言いましたけれ
ど，これに対応する言葉が positif（ポジティフ），positif という言葉
と civil という言葉，この二つは互換的に，入れ替え可能な形で使
われることがあります。

　たとえば「自然債務」というものがあります。法学部に入学する
と何かの講義で教わって，「それは自然債務なので強制執行するこ
とができない」などというのですけれども，それでは，自然債務で
はない債務は何と呼ぶかというと，「法定債務」という言い方をさ
れることもありますが，法定債務のもとの言葉は obligation civile
（オブリガシオン・シヴィル）ですね。「民事の」と訳されてしまいま
すけれども，「市民の」ということ，人間が社会をつくることに
よって，人為的につくり出したということ，それが civil というこ
とで，私たちは，この世界を認識するときに，「生来の」「人為の」
という区分によっているわけです。

　「生来の」と言っても，それ自体が私たちの区別に由来していま
すけれども，より「人為の」線引きを，これに加えているというわ
けです。「人」と「物」をこのようにして，自然に依拠しつつ，し
かし，人為的な都合を加えて，区別しているということがありま
す。

　今日のレクチャーに先立つセミナーでも，どこかで触れたかもし

れませんが，私たちは動物というものを知っています。「動物」
は，人と物の二分法のもとでは，人ではないので物でしかないとい
うことになり，物だから権利の目的になる，所有権の対象になっ
て，自由に処分できるということになります。もっとも，法令の制
限内においてではありますが。

　ところが，今は世の中の，あるいは世界的な**趨勢**が変わってき
て，「動物」が物のままでいいのだろうかと言われるようになって
きた。「動物」には「人」と「物」の二分法からはみ出す要素があ
るのではないかといったことが，言われるようになってきていま
す。しかし，それでも，今のところは二分法が維持されている。そ
ういうふうにして「人」と「物」は区別されているというのが，最
初の話です。

◇**同財産編1条・同債権担保編1条の世界構成**　次に，旧民法財
産編の1条と，旧民法債権担保編の1条ですけれども，こちらは，
人の財産，旧民法財産編によるところの財産の話です。

　旧民法財産編の1条，これはなかなか難しい規定ですが，「財産
は，各人または公私の法人の資産を組成する権利である」と書いて
あります。「その権利には二種があり，物権および人権がそれであ
る」。人権というのは，いまの言葉で言えば債権という意味です
が，では人権，債権とは何かということは，すぐ後で説明します。

　まずは「財産」です。財産というのは，「資産」を組成する権利
であって，「権利」には物権と債権とがあるというわけです。その
あと，引用はしていませんけれども，物権というのは，「直ちに物
の上に行われ，かつすべての人に対抗することができる」。人権，
すなわち債権とは，「定まりたる人に対し，法律の認める原因によ

りて，その負担する作為，または不作為の義務を尽くさしめるために行われる」。こういう定義が続きます。

　ここに示された捉え方には次の二つの特徴があります。これは難しい話なのですが，一つは，「資産」というものを「財産」の集合体からなると捉え，さらに「財産」というものは物ではなく「権利」として捉える。こう言っているという点ですね。もう一つは，従来は義務に重点を置いて捉えられていた債権債務関係，債権債務関係というのは obligation のことですが，訳語としては，「債権」と「債務」のどちらがいいかというと，債務の方だと言われることがありますけれども，ここでは，債権債務関係ないし債務というものを権利の面から捉え直して「債権」と呼んで，これを物権と対比している。これも大きな特徴であると思います。

　もともと obligation は関係だったわけです。人と人の間にある関係だったものを，権利として捉え直して物権と対比したというのは，従来の見方からすれば技巧的で不自然な捉え方だったろうと思います。しかし，物に対する権利と，人に対する権利とがあって，これが私たちの資産というものを構成するのだという見方を，ここで打ち出したわけです。

　他方で，旧民法債権担保編をご覧いただきますと，これもまた，なかなか難しい規定なのですが，「債務者の総財産は動産か不動産か，現在のものか将来のものかを問わず，その債権者たちの共同の担保である」としている。「ただし法律の規定，または人の処分によって差し押さえが禁止されているものは，この限りではない」。こういう規定が置かれています。

　動産か不動産か，現在のものか将来のものかにかかわらず，債権者たちの共同担保になる。「共同担保」とは何かということを理解

するためには，その次の2項を見る必要があります。「債務者の財産がすべての義務を弁済するに足らない場合において，その価額は債権の目的，原因，体様の如何と日附の前後とにかかわらず，債権額の割合に応じて，これを各債権者に分与する」と，難しいことが書いてありますね。

図表7を見てください。まんなかに「人」というものがあって，これが「資産」というものを持っている。これに対して右側と左側とに債権者がいるわけです。それで，まんなかの人が財産を100しか持っていないというときに，両側の人がそれぞれ100ずつの債権を持っているということになると，債権者たちは全額回収はできないということになる。そこで先ほどの規定の出番になる。

その価額，まんなかの人が持っている財産全体の価値というものは，債権の目的が原因，体様，それから，どちらが先に占有したかにかかわらず，債権額の割合に応じて，各債権者に分与するということで，まんなかの人に対して左側の人A，右側の人Bが持っている債権額に応じて，このまんなかの人の財産が分けられる。これを，債権者平等の原則と呼んでいますが，それはさておくとして，この，まんなかの人が持っている資産が，この人の債権者たちが最

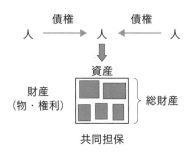

図表7　人と資産／債権と共同担保

後にあてにすることになる財産である。そういう意味で，これが「共同担保」と呼ばれているわけです。

　実際の数字を入れた計算や，あるいは特別な優先権がある場合にはどうなるかという話は省略します。最近の民法改正で，養育費について「先取特権」が認められたのですが，それは特別な優先権が認められたということであり，債権者平等から見ると，例外的に優遇されるという地位が与えられたということになります。現行民法にも，先取特権に関する規定というのがあります。そうした規定が一つ増えた。なお，債権者平等の原則について定める規定は現行民法にありませんけれども，旧民法と同じ考え方が維持されていると見ることができます。

　この旧民法債権担保法編の１条の根底にある考え方は，人，まんなかの人，すなわち，債務者は両側の人，すなわち債権者に対して債務を負うことができる。そして，この債務は最終的には，その人，債務者の財産から支払われるというものです。言い換えれば，共同担保としての財産をあてにすることによって，人は安心して他の人と取引関係に入れる。つまり，金を貸したり物を売ることができる。人が持っている財産は，その人が他の人と取引関係，契約関係，あるいは自発的な債権債務関係，どう呼んでもいいのですけれども，ある種の関係を結んで活動を行うことを保障している。そういうものであると言うことができます。

　人は物とは区別されて，そして，それぞれの人は資産というものを持っており，そこには財産，すなわち物権と債権とが含まれる。そして，そこに含まれている財産というものが，その人の活動を支えるものになっている。財産を持っているので，最後はこれによって債務の支払いをするということで，他の人たちとの間で取引関係

Ⅱ　認識枠組としての civil

を結ぶことができる。そういうことが，この規定によって示されていると言えるだろうと思います。

　今日は，民法というものが持っている全体的なビジョン，考え方はどのようなものかということで，前半は，民法はある種の価値をはらんでいる。人間というものをどう捉えて，どのような価値を尊重すべきだと考えているのかという話をしていました。後半では，民法は世の中に対する見方，認識枠組を含んでいるという話に入り，そのうちの一つとして，まず世界を「人」と「物」とに切り分けている。「人」以外のものは「物」であって，「物」は「人」の権利の対象になるという形で，「人」が「物」を支配する。そして，それらの物や人に対する権利が，その人の財産ということになって，この財産を持っているということが信用の基礎になって，他の人たちと社会関係，取引関係を結ぶことができる。そういうものとして，財産というものは捉えられるというところまで辿り着いたわけです。

◇「資産」に関する補足説明　ここまで，おおまかな話をしてきましたが，本当は補足説明が必要なところです。図表 7 を見ていただきながら，言葉遣いはたぶんこうなっているという説明を追加しておきたいと思います。
　「資産」という言葉は，人が持っている財産の総体ですけれども，いわば「容れ物 contnant」のことです。資産は容れ物，あるいは枠のようなものであって，この資産の中に個々の「財産」が入っています。そして，この財産を全部足したものが「総財産」である。言葉遣いとしては，たぶん，そうことだろうと思います。

63

いずれにしても資産という言葉と，個別の財産という言葉と，総財産という言葉が使われていて，ここには一つの関係が想定されているということだろうと思います。どういうことかと言いますと，資産という「容れ物」は1個しかないのです。人が持っている財産のポケットは1個しかない。権利義務が人に帰属するというのは，一人の人に，一つのポケットがあるという形で実現される。そういうことで，たくさんポケットを持つことはできない。雑な言い方をすると，裏金を持っていてはいけない。持つことはできない。そういう話です。

　それが一つなのですが，もっとわかりにくいのが，これは，皆さん気づいたかもしれないですけれども，財産編の1条は，財産とは権利のことだと言っていて，そこには物権と債権の2種類があると言っています。ところが，債権担保編の1条は，総財産は動産と不動産だと言っています。一方は，物権と債権だと言い，他方は，動産と不動産だと言っているのですが，この間の関係はどうなるのかという問題があって，これはやや厄介な問題です。

　図表7を見ていただくと，資産というものがあって，その中に個別の財産が入っているのですけれども，そこに括弧書きを加えて「物／権利」という説明をしています。それで，結局のところ，ここに入っているのは物なのか権利なのか，こういう厄介な問題があります。

　これは一応，説明はつくのですけれども，面倒なのであまりやりたくはありません。ただ，こういうことが気になる人が必ずいます。必ずいるので，少しだけ話します。繰り返し説明はしませんので，説明が足りなかったらごめんなさいという話になります。

Ⅱ　認識枠組としての civil

◇**旧民財 1 条と旧民債担 1 条の間の緊張関係**　旧民法財産編 1 条と，債権担保編 1 条とを比較すると，少なくとも表面上は，その間に緊張関係，強いていえば相互矛盾があることに気づくわけです。財産として一方は物権債権をあげるのに対して，他方は動産不動産をあげている。物権は物に対する権利であり，動産不動産は物の種類である。そこで，この齟齬ないし落差を埋めるために，旧民法債権編 1 条に言う動産不動産とは，動産所有権イコール物権，不動産所有権イコール物権であると考えるというのが，ありうる一つの道だろうと思います。

　片方は財産というのは物権，債権だと言っていて，片方は動産，不動産と言っているので，動産，不動産というのは，動産所有権，不動産所有権のことだと考える。しかし，そうすると債権担保編で言う不動産，動産というのは所有権のことだけかという話になって，債権も財産だったはずではないかという疑問が生じます。

　資産の中に含まれる，財産編 1 条で言うところの財産の中には，共同担保とならないものがある。債権は共同担保にならないのではないかと見えてしまいます。ただ，おそらくは，次の点に注意する必要があります。旧民法というのは有体物，すなわち不動産，動産の他に無体物というものも「物」だと言っているのですね。現在の民法は有体物だけが「物」であり，権利は「物」でないと言っているのですが（現 85 条），旧民法では権利も「物」なのです。権利も「物」だとすると，では債権は権利だから「物」だということになるのですけれども，債権が「物」だということになると，それはどういう「物」なのか，動産か不動産か，こういうことが問題になります。

　この点は，不動産，動産に関する区別，旧民法が採用していた性

質による区別と用方による区別の他に，第3の区別として「法律による」区別があるのですね。法律による不動産とか法律による動産といった概念があります。そこには，こういうことが書かれています。不動産に関する債権は不動産として扱い，有体動産に対する債権は動産として扱う，と。この考え方に従うと，債権担保編1条には不動産，動産で書かれていて，それは「物」だけを指しているように見えるのだけれども，実は，不動産というときには，不動産に対する債権が含まれており，動産というときには，動産に対する債権も含まれている。そうだとすると，共同担保の中に債権も入っているということになります。

　しかし，こう考えても，さらに，動産，不動産以外のものを目的とする債権は入らないのかという問題が残ります。動産と不動産を目的とする債権以外の債権とは何かというと，人の作為や不作為を目的とする債権，これは共同担保に含まれないことになりそうです。

　旧民法財産編1条では，「財産とは物ではなくて，物を目的とする権利である」と捉えたのですが，「物」と全く結びつかない純粋な権利というものが，いまお話したような形である。これらが共同担保に入らないのはおかしくないか。しかし，これらは観念的には財産であるけれども，これらを対象に強制執行をしても換価のしようがないのではないか，つまり，金に変えることが難しいのではないかという問題があります。いずれにしても，このあたりの問題に決着をつけないと，先ほど述べた緊張関係，あるいは矛盾は，完全には解消しません。

　ただ，権利を「物」として考える旧民法の考え方は，現行民法では採用されていません。旧民法の物と権利の概念は，非常に錯綜し

た関係になって難しい問題が出てくるので，現行民法では，「物」を有体物に限ってしまいました。これによって難しい問題はかなりの程度まで解消されているように思います。

◇**これからの整理の方向性**　そうは思うのですが，せっかくそう思ってはみたのに，現行民法でも，物と権利の関係はそれほどうまくは整理できていないところがあります。売買について555条という規定があり，売買とは何かを定めています。私たちは，売買とは物とお金を交換することだと思っているのですが，555条を見ると，実は財産権とお金が交換されるのですね。ですから売買というのは，物が売買されているのではなくて，財産権が売買されている。これが民法の捉え方なのです。

　ところが，この規定を置いた後で，目的物の性質が契約内容に適合しないときにはどうするかという場面では，対象が「物」であるか「権利」であるかで分けて考えている。定義上はすべて権利を譲渡しているのだから，目的物が権利だったか物だったかを問題にするのはおかしくないか。そんな問題が出てきてしまいます。

　ここは，旧民法から現行民法にまで引き継がれる形で，「物」というものと，それが抽象化された「物に対する権利」というものとが，世界観として，十分に整った状態にはなっていない。現行民法の大きな流れは，物権法においても債権法においても物離れ，脱物質化という方向だろうと思います。しかし，これに適合した財産法の再編成というのは，現在進行中であって，将来に向けてなお課題を残していると言わざるを得ないだろうと思います。

　「人の法」の体系化というのも，将来に向けての課題ですけれども，人の法は重要な規定が増えてはきたものの，原則規定がなお不

足しているので，いま手元にあるピースで暫定的な絵柄を描くことを試みて，その絵柄を導きの糸としてピースを増やすという方向に向かうのではないかと思いますが，「物の法」「財産の法」の世界には，ピースはたくさんあるのだけれども，たくさんあって，それらがうまくはまっていかないところが問題なのかなと，比喩的には考えることができます。

　人と物を区別し，物を財産という形で人に帰属させる。こうした世界の捉え方をしたのですが，財産として捉えるときの権利というものの位置づけ，物と権利の関係が，まだ十分に整理しきれていないところがあるのだろうと思います。

(2) 行為者 game player としての人

　そのぐらいにして，次の項目ですけれども，「行為者（game player）としての人」と書きました。ここまで見てきたのは，国民国家が作りだした，あるいは国民国家とともに創出された「ゲームのルール règle du jeu」と言うことになりますが，そのゲームのルールは，抽象的に与えられたゲームのルールではなくて，歴史的な伝統に整理を施し，ある思想によって形づけられた，そういうゲームのルールだと思います。フランスで言えばフランスの伝統の中から取捨選択された上で，一定の思想に基づいて形が与えられた「ゲームのルール」ということになるだろうと思います。

　日本民法典は，外国の民法典を輸入したような形になっているので，突然，近代のルールがやって来たかのように思われますけれども，本当にそうなのかというところは，きちんと問い直す必要があるのですが，少なくとももともとは，あの伝統の中から取捨選択をして，ある思想的な観点から成形されたのが，ここまでお話してき

II 認識枠組としての civil

たような世界の見方であって，これが私たちのゲームのルールに
なっている。

　ここで注意すべきは，「人」，財産を有する「人」という存在は，
ゲームのプレイヤーとして登場するということです。すべての人，
生物としての「人 homo」は，personne（ペルソンヌ）という形で
民法の世界に現れます。personne は，persona（ペルソナ），仮面と
いうことですけれども，ゲームにマスクをかぶって登場するわけで
す。そして，「人」は与えられたルールに従って，設定されたゲー
ム内で行動するということになる。

　このように言ったとしても，そこで発揮される創意工夫というも
のは，否定されるわけではない。近代以前に存在していたさまざま
な制約が除去されたシンプルな形で，プレイヤーとゲーム環境が設
定されたことによって，その枠内ではありますけれども，人は自由
に振る舞うことができるようになった。そうした環境の中で優れた
プレイヤーが登場するということは，私たちがさまざまなゲームを
通じて，よく理解しているところだろうと思います。

　ただ，民法においては，こうやって設定されたゲームは，基本の
部分は共通であるとしても，常に同じゲームではない。時代に応じ
て，社会に応じて違っているというところがあると思います。これ
は，先ほど（来年のゲスト・スピーカーである）小粥先生が休み時間
に触れられたこととも関係するのかもしれません。

　よく私が使う比喩で言うと，ボードゲームというのがあります
ね。ボードの上で駒を動かして，何かを競うというものです。ちな
みにフランス語では jeu de société（ジュ・ド・ソシエテ），「社会ゲー
ム」あるいは「社交ゲーム」と言いますけれども，ボードゲームに
例えて言うと，モノポリーというのがありますね，私はあまり好き

ではないゲームですけれども。あれは土地を買い占めるゲームですね。経済重視のゲームです。フランスにはこれに対して少しマイナーですが，Expo（エクスポ）と言うゲームがあります。これは絵画コレクションを作るゲームです。カードを配って，ある種の組み合わせでこういうコレクションができました，みたいなことを競う，文化重視のゲームです。このエクスポは資本蓄積を追求するゲームではなくて，文化的な卓越を競うゲームですね。ピエール・ブルデュー（Pierre Bourdieu, 1930-2002）が説くところの社会資本，文化資本の重要性が顕在化するゲームでして，経済的な抑圧とは別の抑圧が登場する，そういうゲームです。ある人々にとっては鼻持ちならないゲームかもしれません。同じようなゲームだと性格づけても，そのゲームのありようは全く均一というわけではありません。

それからゲーム自体も，競争がそこでの目的とされているというだけでなく，ともに遊んでもいる。共生，一緒に生きるということが求められていると捉えることもできるだろうと思います。また，プレイやジャッジの仕方によってゲームの仕方は変わりますし，ルールそのものも，少しずつ変わるということがあると思います。さらに言うと，ゲームのルールが明示的に変更されることもあります。

では，誰がゲームのルールを変えるのか。そもそも誰がゲームのルールの設定をするのか。これが次の問題ということになります。

2 メタレベルでの civil —— 社会契約と契約社会

そこで，「メタレベルでの civil」という話になります。ここまで

Ⅱ 認識枠組としての civil

の話は，ゲーム内の話でした。私たちが，民法によってつくり出す社会は，どういう見方によって成り立っているかというと，世界を人と物とに分けて，人が財産を持つとする。こうしたセッティングのもとで，財産を交換して，前半の言葉遣いで言うと，資本が蓄積されていくということになるのですけれど，このゲームのルールを誰が変えるのか，誰が設定するのかという話ですね。ゲーム内で誰がどうプレイするのかというのとは違うレベルの話が，もう一つある。

そこで「メタレベルでの civil」ということで，これも私が時々使う言葉ですが，社会契約と契約社会とを分けて考える必要があるのではないかと思っています。

(1) 法律の始原性と契約・慣習の補完性

◇旧法例 1 条の基礎 ── 法律の至高性　ここで，旧法例 1 条を引き合いに出して見てみたいと思います。

この規定は新しい 0・1・2・3 条の一番前，先頭に置くべき規定だと思います。それで，四つの 1 条の中でも最初に掲げておきました。「法律」は「公布から 20 日たったら守らなければならない」と定めています。法律というのは「公布」しなければならず，特則があれば別ですが，そこから一定の日数が経つと効力が生ずる。これが，旧法例 1 条で，広い意味での旧民法の冒頭に置かれた規定ということになります。

これは，これまでに見てきた三つの 1 条とは，次元の異なる意味を持っているのだろうと思います。ここには，市民社会における法規範というもののあり方が示されている。旧法例は冒頭にこの規定，法律の効力に関するこのルールを置くことによって，法律こそ

が最上位の，最重要の法源，法の「源 source」であると宣言している。そこから具体的なルールを引き出す「源」として，法律というもの，公布されて効力を持つ法律というものが，最上位にあるのだということを宣言しているのだろうと思います。法律は，その他の法源に優先して，法規範を導くべき法源であるというわけです。

　旧法例1条の表現だけを見ていると，いつから効力生ずるかという話で，法律が一番上だと書いてあるわけではない。しかし，この規定が一番最初に置かれているということは，今のようなことを意味すると申し上げたわけです。

　より端的に，わかりやすい形でこのことを示しているものとして，「裁判事務心得」というものがあります。明治8年太政官布告103号の3条で次のように定めています。

　民事ノ裁判ニ成文ノ法律ナキモノハ習慣ニ依リ習慣ナキモノハ条
　理ヲ推考シテ裁判スヘシ

　民事の裁判にあたっては，まず法律があれば法律による。法律がなければ習慣ないし慣習による。そして，慣習もなければ，「条理を推考して」裁判せよ，というのです。「条理を推考して裁判する」というのは，どうすればよいのかと言うと，これと類似の規定，スイス民法1条2項によれば，自分が立法者だとしたらつくるようなルールを想定して，それに従って判断する。そういうことになるのだろうと思います。

　最後の点はともかくとして，この規定は，法律が慣習に優先するということをはっきりと定めています。それから裁判事務心得は4条で次のようにも定めています。

II　認識枠組としての civil

裁判官ノ裁判シタル言渡ヲ以テ将来ニ例行スル一般ノ定規トスル
コトヲ得ス

　判決は，将来も通用する一般のルールではありえない。裁判官の
眼の前にあるこの具体的なケースを裁くルールではあるけれども，
一般的なルールではない。こういうことが言われているわけです。
ですから，法律は慣習に優先する。裁判は法規範にならない。旧法
例１条以前に，こういう規定があって，法律こそが一番上にある，
高いところに置かれている。このことを前提として，その法律が効
力を持つには公布が必要であって，公布から一定の時間が経って初
めて法律は適用される。こういうことが，定められているというわ
けです。

◇**根拠としての一般意思**　では，この法律の最高法規性あるいは至
高性は，何によって支えられているかと言うと，フランスにおいて
は，法律は国民の「一般意思 volonté générale」（ヴォロンテ・ジェ
ネラル）の表明だと説明される。実際のところ，フランス人権宣言
には，法律は一般意思の表明であるという規定が置かれています
（6条）。だから，人権宣言のこの規定には続いて，「すべての市民
tous les Citoyens」はその形成に参与する権利を持つと定められて
います。市民は法律をつくる権利を持つのだと。
　そこでの「市民 Citoyens」は複数形で捉えられている。すなわ
ち，市民であるところの人と人が，一般意思の表明であるところの
法律によってつくり出す，それが市民社会というものだという捉え
方がされている。そして，この市民社会のことを，人権宣言は「政
治的結合 association politique」と呼んでいますけれども，政治的

結合の目的は，「人の自然的の…諸権利の保全 conservation des droits naturels … de l'homme」であると定められています（2条）。

こうした市民社会の大枠を示すのが民法典である。そうであるがゆえに，「民法典はフランス社会の構成原理 constitution である」と言われてきたということなのだと思います。

◇「市民」の限界と拡大　フランス人権宣言では，「市民」が法律をつくって，それによってその社会が人為的に構成される。そういう捉え方がされているのですけれども，ここで「市民」というものの限界と拡大ということについて，触れておきたいと思います。

まず，「市民」の限界ということですが，フランス民法典は，いま申し上げた国民主権，人権宣言では国民主権を宣言する3条というものがあって，それを受けて民法典も作られるわけです。フランス革命でいったんは共和制が導入されるわけですが，フランスにおいて共和制が定着するのは第三共和政の成立以降，1870年以降のことであって，それまで帝政や王政の時代が長く続きます。ですから国民主権は，憲法上は貫徹しません。人権宣言が出されたけれども，実際の政治体制は国民主権かといえば，必ずしもそうなっていない。1870年（ないし1875年）まではそうはなっていないわけです。しかし，それでも理念そのものは否定されていない。国民主権の理念は存在し，その理念を体現したのが実は民法典であった，だからこそ，民法典はフランス社会の構成原理だと言われているということだろうと思います。

日本においても旧民法，明治民法が制定された時点での政治体制は，言うまでもなく共和制ではない。天皇制であるわけです。しかし民法典を導入した以上は，それが含意している，ここまで述べて

きた政治思想も，あわせて導入されたのだと理解することは，十分に可能だろうと思います。19世紀フランスの帝政や王政と民法典が共存可能だったように，明治日本の天皇制も民法典と共存可能であったと考えることができるだろうと思うのです。

　そういう意味で，国民主権といい，市民といっても，実際のところは，どれだけ国民や市民の政治的なヘゲモニーが実現していたかというと，それは必ずしも人権宣言が想定するような形では実現していない。あるいは民法典の理念は，人権宣言が示すような形では実現してはいなかった。それはさておくとしても，「市民」には，さらに限界がありました。フランス人権宣言の「市民」は，全ての「人」ではないからです。

　人権宣言には，こんなことが書かれています。「法律は…すべての者に対して同一でなければならない」（6条）と言うのですけれども，その場合の「すべての者 tous」は，すべての「市民」を指しています。すべての「市民」に対して，法律は同じでなければいけない。では，すべての「人」が「市民」であるかというと，それはそうではない。すべての「人」は droits civils（ドロワ・シヴィル＝市民的諸権利）を持ちますが，これに対して，droit politique（ドロア・ポリティク＝政治的権利），参政権ですね，「私権」に対して「政権」と短く訳されることもありますが，この政権を持つ人は限られている。その人たちだけが，「市民」と呼ばれていたわけです。

　フランス民法の1条から6条までは「前加章 chapitre préliminaire」と呼ばれていますが，法例にあたる規定を定める序編です。民法の本編は7条から始まりますが，フランス民法7条は，私権，すなわち市民的権利の行使は政権，すなわち政治的権利の行使とは独立であると，それは別の話だと定めています。そこでいう「政

権」という言葉は，当初は「市民の資格 qualité de Citoyen」と書かれていました。「市民」であるかどうかということと，民法の中に「人 personne」（ペルソンヌ）として現れて，民法が等しく適用されるかということとは，別の話だったというわけです。

　より具体的に言うと，男子普通選挙が実現するのはフランスでは1848 年，日本では 1925 年ですね。女子参政権は 1945 年にならないと，日本でもフランスでも実現しませんので，「人」はすべて平等だということにはなっていましたが，「市民」として法律をつくるのは「男子」のうちの限られた人たちだけだったわけです。

　あるフランスの本で読んだのですが，フランス民法典に対しては，une législation bourgeoise et masculine（ユヌ・レジスラシオン・ブルジョワズ・マスキュリヌ），日本語に訳すると，「ブルジョワ的で男性中心的な立法」と書かれていました。こうした批判を乗り越えるためには，とても長い時間がかかったことになります。これを乗り越えるために，民法の価値に関する変遷がありました。これは，前半でお話したところですが，包摂が進んできても，なお排除されている人がいるではないかという話は別にして，政治的権利というものを十分に行使しうるかという観点から見たときには，「市民」というものにそもそも限界があり，その限界は徐々に乗り越えられてはきたのですが，それでも完全に乗り越えられているかといえば，そこにはなお問題が残されているのではないかと思います。

　そのような，留保付きではありますが，「市民」としての「人」が共同して法律をつくり，一般意思の表明という形で社会が構成される。これが「社会契約 contrat social」の思想であるということになります。民法典は一面では，社会契約の考え方に立脚していると言うことができるだろうと思います。ただ，法律によって実定化

された自然的権利は、アプリオリに存在していて「理性 raison」によって認識されたというわけではなくて、歴史の中で生成してきたものにほかならないと思います。そういう意味では、民法典は他面では、「伝統 tradition」の産物であると思います。

　日本民法典はフランス民法典を基礎にしておりますけれども、フランス民法典もまたローマ法の伝統につながるものであり、ローマ法に由来する法実務と法学なしには考えられなかったろうと思います。

◇縮小された法律としての契約　民法典によって構成されたのは、市民社会の枠組であると申し上げました。人と人とが、実際にどのような社会関係をつくり出していくかということは、様々な具体的な関係の当事者に委ねられています。

　当事者は、契約によって自分たちに適用される具体的な規範を設定することを通じて、より複雑で特化された、特定された関係を作り出していくことになります。「容れ物 contnant」としての市民社会の形成は法律の領分でありますけれども、「内容 contenu」、中身としての市民社会は契約によって形成される。市民社会とは、その内実が契約によって形成される社会、「契約社会 société contractualiste」なのだと捉えることができると思います。

　国民の社会契約としての法律と、当事者の間の法律としての契約という二重構造は、フランス民法に由来する旧民法も前提としていたところでした。旧民法では「適法ニ為シタル合意ハ当事者ノ間ニ於テ法律ニ同シキ効力ヲ有ス」（財327条1項）という形で規定が置かれており、契約イコール当事者間の法律、という考え方が明示されていたのです。

これはフランス民法の，旧1134条という著名な規定に由来するもので，これを忠実に訳したものです。現在は，この「合意 convention」（コンヴァンシオン）に変えて，「契約 contrat」（コントラ）という言葉が使われています。合意は契約より広い意味を持っていますが，ここでとりあえず合意イコール契約と考えて支障はありません。そうすると，契約というものが法律と同視されていることになる。社会における「法律」と契約当事者の間における「合意」とが対比されている。大きな法律と小さな法律，あるいは，大きな契約と小さな契約，こういう対が想定されているのだろうと思います。一般的な射程を持つ法律，大きな社会契約が単一の大きな社会をつくる。これに対して，個別の契約が，多数の小さな諸社会をつくるという捉え方です。

　私たちが契約によって生み出す，財産を核とした小さな団体は，現行の日本民法では「組合」と呼ばれています。フランス法では，これは société（ソシエテ）と呼ばれている。実は日本でも，旧民法ではフランス法でいう société というものは「組合」ではなくて「会社」と訳していました。だから，大きな契約によってできるのは「社会」で，小さな契約によってできるのは「会社」だと考えていたわけです。社会と会社は漢字の順番が違うだけなので，ほぼ同じものだと考えることもできます。日本語で考えても，運命と命運という二つの漢語があるけれども，運命と命運とは同じことだろうと捉えることができますし，中途と途中は同じだろうと捉えることもできます。それから，中国語と日本語とでは，漢字が逆になることがありますね。日本語で売買というときは売るが先ですけれども，中国語では売買は買うが先です。あるいは紹介という言葉があります。あの人を紹介しますという場合の紹介ですね。これは中国

Ⅱ　認識枠組としての civil

語は介紹です。

　そういうわけで，漢字が入れ替わるとしても意味は変わらないという場合があります。そもそも，大きな「社会」と小さな「会社」とは，元々は同じ言葉，ソシエテであったわけで，一般意思に基づく法律によって生み出される大きなソシエテと，個別の当事者の意思によって生み出される小さなソシエテとは重なり合っていて，小さなソシエテ（会社）の上に乗る形で大きなソシエテ（社会）は存在すると捉えることができるだろうと思います。

　そう断言してしまえると気が楽なのですが，この先に少し厄介な問題があります。

◇**二つの「法律」の間で ──「慣習」の領分ないし機能**　時間の関係で，少し急がなければならなくなってきました。二つの「法律」の間にある問題，慣習の領分ないし機能に関する話をしなければなりません。大小二つの「法律」による社会という考え方は，ある意味では明確なのですが，これに加えて日本民法典には，小さな社会を大きな社会につなげる仕組みがあるのではないか。その手がかりが「慣習」というものではないかと思います。

　ここで日本民法の 90 条，91 条，92 条を見てもらいましょう。

　民法第 90 条　公の秩序又は善良の風俗に反する法律行為は，無効とする。
　第 91 条　法律行為の当事者が法令中の公の秩序に関しない規定と異なる意思を表示したときは，その意思に従う。
　第 92 条　法令中の公の秩序に関しない規定と異なる慣習がある場合において，法律行為の当事者がその慣習による意思を有して

いるものと認められるときは，その慣習に従う。

　これらの条文ときちんと関連づけて慣習の話をしていると時間がかかりすぎるので，少しここも端折って，詳しい説明を補わない形で言いますけれども，民法90条は「公の秩序又は善良の風俗に反する法律行為は，無効とする」としています。「法律行為」というのは契約あるいは遺言のように意思表示によって成り立っているものですが，ここでは契約に置き換えて，さしあたり考えることができるだろうと思います。

　それを前提に91条を見ると，「法律行為の当事者」が，つまり契約当事者が、「法令中の公の秩序に関しない規定と異なる意思を表示したときは，その意思に従う」ということで，公の秩序に関連しない規定，これを任意規定と呼ぶこともありますが，任意規定には当事者の意思が優先するとされています。反対に，公の秩序に関する規定がある場合には，契約によってこれを覆すことはできない。この種の規定のことを強行規定と呼ぶこともあります。

　この二つの規定が置かれているという限度で，法律と契約の関係，両者の優劣関係が調整されているのですが，次の二つのことに注意が必要だと思います。一つは，任意規定と異なる「慣習」があるときは，法律よりも慣習が優先的に適用される場合がある。このことを定めているのが92条で「法例中の公の秩序に関しない規定と異なる慣習がある場合において，法律行為の当事者がその慣習による意思を有しているものと認められるときは，その慣習に従う」とされています。こういう形で「慣習」が出てくるわけです。他方，明文の強行規定がなくても契約は無効にされる。公序良俗に反するときは無効だとする規定が90条であるからです。明文の規定

がなくても世の中で「これはいけない」と人々が思っている，そうした意識があるときには，無効になることもあるわけです。

言い換えますと，ここには大きな社会の法律と小さな社会の契約との間で，両者の媒介として機能する「慣習」というものが登場している。一方で契約内容を言わば増補する，積極的につくり出すという働きを果たすとともに，他方で契約の内容を削減する，それは法律の規定はないけれども公の秩序や善良な風俗に反するという形で，消極的に契約の形を削って制限する。後の場合，「公序良俗」は人々に意識に依存する。そこにはある種の「慣行」「習慣」が伏在しているとも言えます。こうした形で，「慣習」というものが法律と契約の層に，両方に関わるような形で登場しているわけです。

(2) 定礎者 rule maker としての市民

◇**規範の三つの層**　これを踏まえて，最後の話をしたいと思います。最後の話は，ルールメーカー（rule maker），あるいはルールチェンジャーとしての市民という話になります。ここまで見てきたことには，三つの側面，ないし三つの層があるのではないかと思います。**図表 8** を見てください。

一つ目は，市民社会のルールは，第一次的には民法典をはじめとした法律という形で創出される。これはさきほどから確認している

α 法律	明示的・一般的な規範	→ゲーム外的な定型主体「市民」	
β 契約	明示的・個別的な規範 （縮小された法律）	→ゲーム内的な定型主体「人」 （内在化された市民）	
γ 慣習	黙示的・一般的な規範	→ゲーム越境／回帰的な非定型主体	

図表 8　法律から見た契約，法律から見た慣習

ところです。その際には市民は，ルールの設定者，ルールメーカー
として現れる。いったん設定されたルールを法改正によって変更す
るのも市民であって，その場合の市民はルールの変更者ということ
になる。

　いずれの場合にしても，ここでの市民は個別の市民ではなく，総
体としての市民ですね。全体としての市民が，法律という規範を明
示的に設定するということになります。「α法律」と書きましたが，
「法律」という「明示的で一般的な規範」が，それに従ってプレイ
されるゲームの外に位置づけられる，「ゲーム外的な定型的な主体」
としての市民によって設定される。「α法律」は，そういう規範だ
ろうと思います。

　もう一つ，特定の当事者間のルールは，様々な契約によって創出
される。そこでの市民は，契約の当事者としての「人」として現
れ，個々の人が契約という規範を明示的に設定する。「β契約」と
書きましたが，ここでも設定される規範は「明示的」だけれども，
しかし「個別的」な規範ですね。あなたと私との間に成り立つ規範
が契約です。この規範を設定するのは，「ゲーム内的な定型主体」
ですね。民法が設定しているゲームのルールに従ってプレイをす
る。大きな枠の中でプレイをする。そういうゲーム内的な定型主体
としての「人」ということになります。

　民法典はこのように，自ら明示的に規範を立てる「市民」ないし
「人」というものを前提にしている。そこに現れる主体は，自らを
統治する能動的な主体である。

　ここに現れるのは，先ほど小粥さんが休み時間に言っていた，広
中・樋口的な人間像と重なりあうような主体性というものだと思い
ます。この主体がシステムの外にあるときには「市民」と呼ばれ

Ⅱ　認識枠組としての civil

る。そしてシステムの中に置かれたときには「人」と呼ばれるわけですけれども，市民と人の距離が狭まった今日では，システムの中に自ら現れた「市民」のことを「人」と呼ぶのだということができるかもしれません。

つまり市民には，システムを創出する，ゲーム自体を設定するゲームメーカーとしての側面と，システム内でシステムを作動させる，個別のゲームを遂行するゲームプレイヤーとしての側面がある。このように言うことができる。

ここまでは，よいかと思います。注意すべきは第3の層，ないし第3の側面です。市民ないし人は，システム内でゲームを遂行することによって，慣習形成を通じて，他の市民ないし人のゲームに，プラスというか，サポート的な，支援的な影響を及ぼすこともあるし，マイナスというか，ブレーキ的な，矯正的な，現状を正すという形で影響を及ぼすこともある。

ここでの市民の性格は，これまでの市民の性格とは少し違ってきます。すなわち，「黙示的・一般的な規範」としての慣習を集合的に創出する「ゲーム越境的な非定型主体」として現れる。一般的な規範が，ゲームの中から作り出されるわけです。しかしそれは明示的なものではなくて黙示的な規範である。慣習によって一般的な規範が黙示的に作られる。ゲームをプレイしていることによってゲームの中にいるはずの人たちが，ゲームの外にいるかのようにルールを作り出すということになる。それは定型主体として現れている「市民」，ないし「人」が「作出」するというよりは，自ずから慣習が「生成」する，どこまでの範囲の人々がこれに参加しているのか，具体的には誰が参加しているのかはよく分からないような，そうしたアモルフな，非定型の主体として「市民」は現れるのではな

いかと思います。

　うまく言えているのかどうかわかりませんけれども，最近流行りの言葉で借用すると，能動的でも受動的でもない，中動的なあり方で，この規範と向き合っている。そういう局面が3番目の局面としてあるのではないかと思います。

　「市民」とは法律や契約による自治の主体であって，決して統治の客体ではない。実は，明治初期に一部の人たちが「民法」という訳語を嫌ったのは，「民」という言葉が被治者，規律される者を意味するからでした。「民法」という言葉は中国の伝統，より広く東洋の伝統の下では，民を統治する法という語感を帯びてしまう。これと正反対に，civil は自ら統治することを意味するのであって，それはたとえば「士大夫」と訳すべきではないか，中国の「士大夫」ですね，そうようなことが言われました。「都市 cité」の住民という意味を活かして，「都人士」という訳語も考えられました。

　しかし，「民法」を「士大夫の法」「都人士の法」と訳すのはすわりが悪い。漢字一語でいきたいと考える。そこで，「民法」と言えば，droit civil，市民の法，自律的な主体が形成する社会の法を指すことにする。漢字の意味から切り離された規約主義的な定義，訳語として受け止めよう。これが「民法」という訳語が維持された理由だったと思います。学士とか弁護士といった言葉もつくられたので，学士の士で「士法」という訳語もあったかもしれないと思いますけれども，そうはなりませんでした。いったん定着した訳語は覆らなかったのでしょう。

◇**慣習の領分，伝統の役割**　繰り返しになりますけれども，法律や契約は自治の主体という捉え方とよく合うのですが，慣習は合わな

Ⅱ 認識枠組としての civil

いですね。全く合わないわけではないのですが，すっきりとしないところが残る。市民社会というものを，法律や契約だけで捉える考え方というのは，「慣習」という層を無視することになるのですけれども，果たしてそれで，私たちはうまくやっていけるのだろうか。見方を変えると，私たちの社会は，「法律」と「契約」だけで十分に記述され，理解されているのだろうかということが気になります。

　法律と契約によって，全てを意図的にコントロールしようとする発想は，啓蒙，理性の時代の産物ですね。民法典と理性というものが不即不離の関係にあるということ，それは何度も強調されてよいことだろうと，一方では思います。しかしながら，民法典は伝統とも強く結びついている。伝統というのは，意図的ではない集合的な行為の集積のことですね。伝統によって準備され，また新しい伝統によってその姿を変えていくということも，無視しがたいのではないかと思います。

　私たちは，明示的，意図的なルールによるだけではなく，黙示的，非意図的なルールによっても社会，すなわち民法というものを作り出している。先ほどの α, β という二層関係の他に，γ（ガンマ）というもう一つの層があるということを，自覚しておく必要があるのではないかと思います。

　ただし，α, β と γ の間のバランスは，法文化によって異なります。概して言えば，日本法はフランス法に比べて，γ が強い。フランス法でも γ はかつてよりは強くなっているとは思います。それでも，日本はフランスに比べれば，明文のルールではなくて，慣習に依拠しているところが多いだろうと思います。

　ヨーロッパでも，スイス法はフランスやドイツに比べると，γ が

強いと思います。それでも，日本法ほどではないですね。スイス民法の1条2項と，裁判事務心得3条とは，よく似てはいますが違いもあります。ヨーロッパではスイスはγは強いけれども，日本のγの強さほどではないと思います。東アジアでは，γはフランスよりは強いと思いますが，韓国や台湾では，α，βは日本より強いと感じることがあります。ヨーロッパの中でも，明文のルールとしての法律や契約と黙示的な慣習のバランスは，国によって違いますし，時代によっても違う。東アジアにおいても国によって違うし，時代によっても違う。その言えるのではないかと思います。

　民法によって世界を捉える。そのための仕組みが民法典の中に組み込まれている。そこには，私たちの社会のルールを，対象レベルでどう捉えるかということと，それをメタレベルでどうやって作り出していくかということが書かれている。そう考えることができるだろうと思います。

　そうやって，きれいにすっきりと割り切りたいところですが，最後に残るのが，慣習というもので，これをどうやって捉えるかという問題は，なかなか厄介な問題です。ここのところをうまく説明することによって，新0・1・2・3条は完結するはずなのですが，どうも，そこまでは今の私にはできていません。だから，この話は，最後の部分はオープンな形で終わらせざるを得ないということになります。

◆おわりに── code は法典か？

　「おわりに」の大部分はプロフェッサーとは何かという話なのですが，時間もなくなったので，その前の，「コード code」の話を一言だけして，終わりということにしたいと思います。

◇**「暗号 énigme」としての法典**　エニグマ，暗号という言葉がありますけれども，法典，コードというものは，暗号としての側面も持っているということを最後に申し上げておきたいと思います。

　現行民法，旧民法，さらにフランス民法などの規定を手がかりにして，民法典が体現しているけれども一見しただけでは明らかにならない，価値の面と認識の面に双方にまたがる思想ないし思考方法というものを，明らかにしようというのが今日の話でした。そして，そのような作業を，今日の話の中では「civil の理学」と呼んできました。

　これに対しては，この試みは法典の思想にそぐわないのではないかという批判がありうるだろうと思います。法典には一覧性がある。一見して分かるというのが，法典のメリットであるのに，そこに何か隠れた思想があるという発想は，法典というものと矛盾しないのか。こんな疑問が持たれるかもしれません。

　たしかに法典には一覧性というメリットがあるのですが，このメリットは第一次的には規範の一覧性に関わるものである。これに対して，法典の思想の明示性には，程度の差があると思います。たとえば旧民法典は，この点を重視した法典だと思います。この法典

が，どういう考え方でできているかということを説明する言葉を，過剰に含んだ法典だと思います。これに対して，たとえば旧民法の三つの1条を削除してしまった現行民法典は，この点を重視しているとは言いにくい法典だろうと思います。

しかし，だからこそ，民法典が含んでいる思想に着目して，これを抽出して提示するということが重要になるのではないかと思います。

コードというのは暗号でもある。暗号というのはエニグマ（謎）に他ならない。表層の明示性の奥に，法典は程度の差があるとしても，隠されたメッセージを含んでいる。あるいは，そのようなメッセージを含むものとして読解することが可能である。このことが，今日，最後に申し上げたいことであるということで，終わりにしたいと思います。

◆ 追記1　「おわりに」の省略部分について

＊以下は，原稿は用意したものの，現実のレクチャーでは話せなかった部分である。当初予定していた話の全体像を示すために，補足資料として掲げておく。

◇「弁士 orateur」としての教授　講壇で民法について語るということの（一つの）意義は，このメッセージを取り出して「公衆 public」に示すという点にある。「教授 professeur」とは professer する者であると考えるならば，professeur とはまさに自らの理論や意見を公衆に向けて語る者にほかならない。その意味で，professeur とは「弁士 orateur」であり，言論が飛び交う「公共空間 espace pub-

◆おわりに

lic」に参加する（創出する）ことこそが，その本分であるとも言える。「教授」という訳語は，このような professeur の公共性を捨象してしまいかねないが，ここでも professeur は「教授」と訳すというのが規約であると考えるならば，それでもかまわないことになる。

　しかしながら，現代日本では，「教授」が「教員 enseignant」と呼び変えられて，「学生」の消費者化（「学ぶ者 étudiant」から要求の多い生徒 élève ＝授業を受ける者になった）に対応して教育サービスの提供者として位置づけられるようになりつつある。法学においては，法科大学院（ロースクール）制度の導入以後，このような傾向が特に強まっている。これには私たちの側にも責任がある。法学者たちは，学生と対等に意見を戦わせて説得しようとする（学生は批判的な観点から講義を聴く）のではなく，実定法（制定法＋判例）を客観的に，かつ効率的に伝達しようという傾向を強めているからである。この傾向のもとで，学生たちが，客観的な知識が咀嚼しやすい形で提示される（学生は功利的な視点から講義を聴く）のは，無理からぬことである。

◇「民法学者 civiliste」の多面性・多様性　もっとも，（他の法学分野はさておくとして）「教授 professeur」であることは「民法学者 civiliste」の「職分 métier」のすべてではない。「研究者 chercheur」であることも職分の一つであろうし，「立法補助者 légiste」あるいは「（法的）助言者 jurisconsulte」であることも別の一つであろう。もちろん，「教育者 enseignant」であることも職分の一つではあることは確かである。このように「民法学者」には複数の側面がある。個々の民法学者はそのすべてを均等に行わなければならないと

いうわけでもない。ある者は研究に，ある者は教育に，ある者は立法または助言に重点を置くということはありうることであり，現にそのような分化が生じている。

ただ，（少なくとも近代において）その職分の中核にあったのは，「教授 professeur」であることであり，その他の活動はこれと関連づけられていたのではないか。もちろん，過去においても未来においても，また現在においても，これとは異なる「民法学者」（助言中心の，研究中心の，教育中心の民法学者）像を描くことは可能ではある。しかし，私自身は「教授 professeur」であることを中心に据えた「民法学者 civiliste」（「民法学 science civiliste du droit/ 'civilistique'」）像を維持したいと考えている。

もっとも，「教授 professeur」としての役割のはたし方もまた一様ではない。大別して，働きかけの対象（公共空間）は，①学界内部，②a 裁判実務，②b 裁判外実務（取引実務・司法実務・行政実務など），③（狭義の）公論に分けられる。今年の法学セミナーでは民

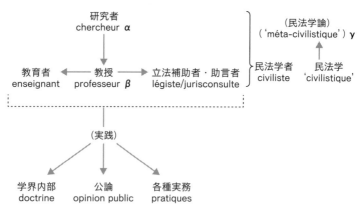

図表 9　民法学者の職分 ── 融合から分離・積層へ

◈ お わ り に

法学説を紹介・検討したが，それぞれの学説を評価するにあたって，判例や司法実務への影響（② ab）だけでなく複数の基準を掲げるようにしたのは，この点を考慮してのことにほかならない。「公共空間」を刺激する「教授 professeur」としての役割には複数のものがあるのである。

◇ **この先の仕事** この先の私の仕事は三つあるが，第一は，「契約から見た近代日本」と題した「産業と民法（契約法）」に関する研究（α），第二は，「夜明け前の民法学」と題した「来るべき民法」に関する評論（β），第三は，「規範を創る ── 明治青年論」と題した日本民法学史に関する研究（γ）である。相対的に手薄な分野，すなわち，研究の世界ではマクロの研究・メタレベルの研究に，実践の世界では公論に向けての言説に重点を置いていこうと思う。私の読者・聴衆には，私の研究成果（α）を届けるとともに，この先の民法（β）・民法学（γ）に対する私の「見方 vision」を提示したいと考えている。

　繰り返しになるが，これは「民法学者 civiliste」としての「一つの道 un chemin」である。こうした道があるということ，そして，他にも道はあるということを感じ取っていただけたとすれば幸いである。また，誰に向けて語りかけるにせよ，その言葉が「受け手 destinataire」に確実に届くかどうかは保証の限りではなく，ただ「通信 communication/commerce」の神であるヘルメスに希望を託すほかない。それでも広く誰かに向けて語るというのが，professeur を「天職 profession」とする者の務めであるということになる。

◆質 疑 応 答

大村：話が長くなってしまって，全体の終了時間が迫っていますが，せっかく後から来てくれた人もいますので，質問を伺って答えられる範囲で答えたいと思います。

　テクニカルな，「こういう場合，どうなりますか」という話には，それなりに答えられる範囲というものがあって，あるところから先は，「そこは十分に議論されていません」とか「よくわかりません」という話になるのですが，今日の話は，性質上あちこちに，たくさんの穴がありますし，皆さんには分からないところがいろいろあったと思います。なんでもかまわないので質問してください。

　私も答えてはみますけれども，私にも分からないところがあるので，十分な答えであるという保障はまったくありません。だから，「分かった」と言わずに，「でも」と，さらに食い下がって，質問をしていただければと思います。

大村：どうぞ。A君。

学生A：先生は財産中心の社会ということで，組合契約を例に出されていたと思うのですが，以前に，組合の持分には譲渡制限がかかっているという話を伺いました。それはつまり，同一性を前提として排他的社会である。反対に株式会社の株式は譲渡自由ですよね。それはなぜかと説明をするときに，没個性的であるということが引き合いに出されます。そうなると，株式会社の方が，先生が提示されている包摂的な，普遍的なということと，ある程度合致する

ように思います。でも，違いを許容しているという話とは，少し議論として噛み合わせが悪いんじゃないかなという気がするのですが。

大村：なるほど。それが1点？

学生A：それが1点で。

大村：それから，まだありますか？

学生A：もう1点は，価値が一覧的でない，黙示的なものだとおっしゃっていたと思うのですが，消費者契約法の中では，価値が一覧的に書かれているようにも見える。でも，条文を見ると結構バラバラで，あまり整理がうまくいっていないようにも思います。一覧的であるかという話には，何か段階のようなものがあるという気がするのですが，どうお考えなのか。

◇「組合」の性質について

大村：なるほど。いずれも面白いことをおっしゃってくださったと思います。

最初におっしゃったのは，「組合」の性質にかかわる話ですね。社会というものの開放性を強調するのだとすれば，小さな社会としての「組合」というものも，性質上，開放的であるべきだけれど，実際にはそうでないのではないか，という話をしてくれた。

まず，société（ソシエテ）というものがある。それは組合と訳されるものであるけれども，しかしそれは社会というものと連続している。どちらも société という言葉で表されている。仮に，société

◆質 疑 応 答

という一つの言葉の中に，二つの異なるものが含まれていて，そこには齟齬があるのではないかと考えるとすると，齟齬を解消するには，実は，組合だって開放的でありうるという方向と，いや，実は，社会は閉鎖的なのだという方向と，この両方が解としてはありえますよね。

学生A：そうですね。僕は，よく分からないけれど，民主主義は，同一性をもととして成り立っているといった主張があったりするので，どちらかと言えば，後者の認識があたっているのかと。

大村：どちらも閉鎖的であるということですか？

学生A：個性をどのくらい尊重できるかという話は，開放性からは離れるところがあって，両者の間には，一定程度，トレードオフの関係があるのではないかなと。

大村：おっしゃっているのは，こういうことかな。国民国家という形で一つの大きな社会ができていくときに，その外側は排除されているわけで，他のものと違うものという形で社会ができている。組合も，他の人たちと違うものとして，あるグループができるので，いずれも，そもそも開放性というものを持っていたのだろうか，むしろ，そうではないと考えるべきではないか。そういう発想は，確かにあり得ると思います。

　仮にそうだとして，社会というものがオープンな方向に動きつつある。そうすると組合だって，その規模が大きなものになっていくときに，それに見合う形でオープンなものになっていく必要があるのではないかと捉えることもできますよね。オープンになったときに，それでは，その凝集性をどうやって確保するのかという問題

が，また別にあるけれども。

　それで，会社は株式の譲渡ができるということになった。それはある種の，人的な結合が抽象化されることによって，誰がそのメンバーになってもかまわない，完全に誰でもいいというわけではないかもしれないけれども，全体としては，そうなってきているということだと思います。組合にせよ会社にせよ，社会にせよ，société というものは，ある人たちが集まる，他を排除するというものだったとしても，今日においては社会のあり方が変わってきているとすると，組合のあり方も変わっていくという言い方もできるのではないか。騙された感じがしますか。

学生Ａ：組合という枠組の先に，株式会社というものが出てくる。そう単純に連続的に考えられるのかどうか……

大村：うまく噛み合うかどうかわからないけれども，私は，最近，契約法の歴史に関する授業をやっています。近代日本の契約ですけれども。その中に，団体というものが出てくる。契約と団体の境目というのは流動的だと最近感じています。

　明治時代には企業形態も非常に流動的で，今，私たちは企業イコール株式会社と捉えてしまうけれども，株式会社というのは，早い時期から当然に支配的な企業形態だったわけではないようです。必ずしもよくわからない，整理のつかない企業形態がいろいろあって，その企業形態がどういう方向に展開していくのかはあらかじめ予定されていたわけではない。最初に分類や性格づけがされていて，株式会社とはこういうものだから，こういうことができる，組合はこういうものだから，こういうことはできない，そんなことが想定されていたのかというと，どうもそうではなかったようだと，

◆質疑応答

私は思っています。

　それからもう一つ，最近勉強していて，分かったような分からないことがあるのですが，明治30年くらいにできた同業組合法という法律と，それから産業組合法という法律があるんですね。同業組合と産業組合とでどう違うのか。これはなかなか難しいでしょう。

　語感的になにか感じますか？　同業組合とはこうものだろう，産業組合とはこういうものだろうと。

学生Ａ：語感がなくて……

大村：そうですよね。同業組合というのは既存の団体ですね。昔でいうとギルドみたいものかな。すでにある団体に，何かを権限を与えるというのが，おおまかにいうと同業組合法の系列の立法ですね。産業組合はどうかと言うと，いま何もないところに，人が集まって組合を作ろうという，そういう立法ですね。ある人たちがすでに集まっていて，特権を守るというタイプの立法と，弱小の人たちに対して，集まって組合をつくったらどうかというタイプの立法に分かれるようなのです。

　一口に同業者が集まって作る組合といっても，出来合いのものはすごく排他的な面を持っているわけですが，これからつくろうという場合には，できてしまえば，それは何か固定的なものになるかもしれないけれど，つくる段階ではみんな来てくださいという形になっている。同じように組合一般についても，果たしている役割が違うものが含まれているような気がしています。

　だから民法の組合というのは，一通りのルールに従ったもので，みんなのっぺり同じようなものがあるというイメージを持つのかもしれないけれど，それがどういう役割を果たすのかということは，

それぞれの組合が置かれた状況によって違うのではないかと思います。質問の後半部分がまだ残っていると感じるかもしれませんが、とりあえず第1問に対する答えです。

◇「法律」の一覧性について

大村：前半に限っても続きの質問がまだあるかもしれませんけど、第2問に行きましょう。一覧性ということに関する話でしたね。これもとても面白いと思いました。

　民法典には、日本の場合、1050条まで規定があります。民法は他の法律に比べるととても大きな法律です。だけど、世の中にはものすごくたくさんのルールがある、それが1000条ぐらいにまとめられていたら、民法典がない状態に比べると一覧性は格段に上がる。そう思ってはいるのですが、でも本当に、民法を見ればルールが分かるのかという疑問は、債権法改正のときなどに指摘されたところでした。

　一見して分かるということ、どんな条文があるかが分かるということと、それがどのようなものであるかが分かるということの間には落差があるので、一覧性があることから内容が直ちに分かることにはならない。そういう話になる。A君もそういうことを言っていたかと思います。

　そういうことが一方にある。他方で、民法典はどういう価値に奉仕するのかということ、それははっきりとは書かれていないと申し上げたわけですが、最近の法律は、最初に目的規定をおいていますね。旧法例1条が通則法2条になったのは、目的規定を加えたからだったわけです。目的というものは指導原理として働くことがあ

◆質疑応答

るので，目的規定にはそれなりの意味があると思いますが，でもA
君も言っていたように，目的規定が置かれたからといって，それに
よってその法律全体がきちんと統合されているかどうかというの
は，また別の話ですね。目的規定を置いているだけでは統合性は保
証されない。

　そうすると，この法律の目的とは何かということについて，より
深い理解を得るためには，目的規定を踏まえつつ，全体を見ながら
解釈をしていくことが必要になるだろうと思います。ある種のテク
ストが置かれていることによって，私たちは，とりあえず他のもの
を見ないでそこだけ見ればよいことになる。その意味で，なんとい
うのか，認知的な負荷が軽減するわけですね。かつ，目的規定が置
かれていれば，とりあえず目的はそこに定められていると考えれば
いいので，ここでも認知的な負荷は軽減される。けれども，テクス
トのある部分を見ただけではその意味は十分に理解できないし，法
律全体の目的がどういうものであるかということも目的規定を見た
だけでは十分に理解できない。

　そこで，やはり解釈という操作が必要になる。何か特定の問題に
答えを与えるために，それとの関係で，適用されるべきルール，そ
の候補を絞り出してきて，具体的なルールを導く，その姿を明らか
にすることを解釈論と呼んでいるわけですが，もう少し抽象度の高
いところで，この法律は何を目的としているのか，あるいはどうい
う価値に奉仕しているのかということを理解する。これも解釈論だ
ろうと思います。そういう解釈が必要なのではないかというのが，
今日の話でした。

学生A：目的規定があっても，条文がバラバラだとすれば，全体と

して解釈すればよいというのは，何だかおかしいような気もします。一覧性を高めるのには，他のやり方をするべきじゃないのかと。

大村：法律が明確であるならば，その法律に従って裁判しないというのは，立法者が持っている権限を，侵奪することになるのではないか。そういう議論があります。そういう議論はあると思うのだけれども，皆さんのというか，高校社会科の授業で教えられているような立法のイメージと比べると，法律は，穴が開いているところとか不整合なところを，思ったよりも多く含んでいる。つくられている法律を，より合理的に解釈して，整えていくという作業が必要で，その作業の領分はかなり大きいのではないかと思います。

　では，解釈というものは立法者の権限を侵害することにならないかという話との関係で言うと，そこで，たとえばスイス民法は，法律があったら規定の「文言 lettre」，あるいはその「精神 esprit」に照らして，法律が及ぶところまでは法律によって，それがなければ慣習によるということにしている。ここでは法律が及んでいる範囲を広く捉える考え方が前提になっている。スイスは人々の法意識など法律以外のものの領分を，フランスなどに比べると広く認めると言われているけれども，それにしても，法律があればまず法律，しかもその法律の及ぶ範囲を広くとっている。これに対して，法律というものはそういうものではない。法律が明確に定めているときは立法者に従わなければいけない。しかし，それ以外のところで，その法律がどういう意味を持つのかということは，解釈者に委ねられていると考えたとすると，立法者が指図できる部分はそんなに広くはなくて，解釈の領分が大きく残されていると捉えることができ

◆質 疑 応 答

る。

　もう一つ，個々の法律の作った人々は「立法者 légilateur」ではないという考え方もあります。様々な法律は一つの法体系として存在するので，全体として体系的な立法がされているはずではないか。そう考えるとして，その体系的な立法というのはどういう立法か，個々の法律を作った人々には分からないのであって，どういう体系的な立法がされているのかということは，あとで集合知によって見出される。それが解釈という操作である。そんな説明もできるかと思います。

　いずれにしても，質問の前提として想定されている立法者の万能感，あるいは立法の整合性に対して，私たちの世代までの民法学者は，相対的には，そんなことないという気持ちを強く持っていると思います。でも，今の若い先生たちはもう少し，法律というものを尊重して解釈しているかもしれません。結果として，法律というものの領分を広く認めることになっているようにも思います。

　お答えというよりも，質問に触発されて派生的なお話をすることになってしまったかもしれません。ほかに，いかがでしょうか。

学生B：じゃあ，2点ほど。1点目は，ついさっきまでの話と関連したことですけれども，利息制限法のことです。

　利息制限法について，判例は反制定法的解釈をしたと言われますが，以前に先生は，法律全体としてはその解釈の方が整合的だとおっしゃっていた。それはそうかなとは思ってはいますが，じゃあ，民法を中心に見る法秩序みたいなものが，完全に個別の法律の規定に優先できるのかとも思います。先ほど先生がおっしゃったの

101

は，具体的な法律の立法者と全体としての歴史的集団としての立法者みたいものの区別だったと思うのですが，先生は立法と慣習との関係も整理をしておられるので，そのこととの関係も気になりました。

　金融業者の人たちが，慣習として形成してきたものがあって，それを仮に立法のレベルまでもっていったとしても，立法したからといって，慣習として許されるべきでなかったものが許されるようになるわけではない。その慣習を，理性的な市民の前で全員の多数決をとって一般意思を体現させるという形をとれば，これは当然実現しなかったはずなんだけれども，現実には立法として通ってしまうことがある。で，それを排除するのだというふうに考えたんですね。

　そうすると，今日の最後のお話でいうところの慣習の意義に戻って考えると，実際には，この慣習というものの役割は控えめに低く見るべきではないか。本来は，法改正によって，市民の対話によって実現していくべきものであって，直接そのルールに対して影響を与えるものを正面から認めるというのは，なんか不思議に思えたので，その点をお聞きしたいというのが１点目です。

　２点目ですけど，２点目は認識枠組のお話の中に，家族・家族法みたいなものが見えてこないという気がしています。よく分からないのは，人と物と分けることによって，人を析出することがまず大事であるというところからすると，ここに，家族間の，特に，物の交換が想定されていないようなことが出てこないのは当然なのかもしれないんですけれど，なにかが出てきてもよいのになと思っていて，逆に，人と資産の間にある，矢印の帰属関係というのは，資産のルールというよりも，人格に由来するものだとすると，なんか家

◆質疑応答

族の話も包摂できるのかなという気がしたんですけど。これはもう
イメージの話ですが，以上です。

◇「家族」の位置づけについて

大村：ありがとうございます。両方とも面白い話でしたが，2点目
の方からお答えしたいと思います。前半では，川島説を財産法のこ
としか考えていないと，あれほど攻撃していたのに，後半では，大
村先生も家族のことを考えていませんね，という批判ですね。それ
は，なるほど，と思って伺いました。

　当初，旧民法の中から，家族について基本的な見方，人の関係と
はこういうものであり，家族というのはこういうものだという見方
を引き出したいとは思ってはいて，考えてみたのですが，なかなか
難しい。それに相当するような規定が1条のレベルでは，少なく
とも見つからない。もちろん，他にどこかに見つけられないか，探
してみる余地はある，他方で，ボワソナードは旧民法の財産法部分
だけを起草したことになっているけれども，人事編にも多少は口出
しをしたとも言われている。ものすごく人事編に力を入れていた
ら，もう少し，なにか基本的な規定を盛り込んでいたかもしれない
という気もします。

　それにしても，たしかに，私が組み立てた旧民法の四つの1条
という話からは，家族の話，民法典が家族にどのような価値を与え
ていたかではなく，家族というものをどのように捉えていたかが見
えにくい。この点は考えなければならないと思いました。その上
で，ヒントとしてB君が指摘してくれた話も面白かった。「人」が
資産というのを持つということは何を意味するのかというと，「人」

というものは独立の存在としてある，その「人」の活動を支えるために資産があるのだという考え方が，そこにはある。「人」が何かを実現させる，実現するために資産を持っている。そういう解釈をもう少し拡張して，定式化することができるのではないか。認識枠組としてという整理をしたのですが，もう少し価値的にも膨らみをもったものとして考えるべきではないか。そう言ってもらったのだと受け止めました。そうなると，今日の話の二分法そのものを再考しなければならない。「人の法」「財産の法」という対比よりも，「人の法」と，人と人との関係としての「契約の法」という対比の方がよいのかもしれないのですが，その場合には，「家族」は「人の法」のエクステンションなのか「契約の法」のヴァリエーションなのかが問題になります。いずれにせよ，大きな課題を与えられたと感じますが，今のところはそれ以上のお答えはできません。今後，さらに検討したいと思います。

◇「慣習」の役割について

大村：1点目のほうも，途中まではとても面白かったけれども，最後の結論として，B君は逆のことを言うのではないかと思っていました。あるいは，B君の質問には，慣習と立法の関係について，二つの見方が含まれていたということかもしれません。

利息制限法という立法がされたというときに，これと慣習の関係をどうやって捉えるのか。B君が言っている慣習には，慣習 α と慣習 β があるような気がするのです。慣習 α というのが，貸金業者の世界での慣習であって，これが利息制限法というものになった。

しかし，社会にはこれがそのままの形は受け入れられなくて，法

◆質疑応答

体系全体の解釈として，言わば骨抜きにされていくというときに，社会全体が持っている価値観みたいなもの，それについても慣習という言葉が使えるような気がして，そちらは慣習βかなという感じがしたのですね。

　私は，B君は，慣習βが大事ですよね，という話をされるのかと思ったのですが，そうではなくて慣習αが立法されたときに，慣習を尊重するのはいかがなものかという，そういう質問になっていた。それは，今の整理の中に含まれていると思いますが，何を慣習と言うのかというところで，慣習αとβとがあるのではないかと思うのだけれども，そこはどうでしょうね。

学生B：ああ，そうですね。でも僕は，慣習という言葉を使ったつもりはなくて，それが全体が思っている価値観となった時点でそれは一般意思であって，法律に直結すべきものだと思うんですね。実現するかは別にして。そうすると，法秩序というものを考えたときに，慣習というものをもってくる必要があるのかなと。

大村：確かに，一般意思に基づいて立法ができれば，それでいいわけですよね。貸金業者の利益を反映したような利息制限法を改めるような立法を，一般意思に基づく立法によって行えばいい。でも，そうはなっていないわけですよね。

　そうはなっていないというときに，一般意思は法律という形では実現していないと言える状況になったときに，一般意思を反映した法をつくる力というのは，どのように汲み取られるのか。それは私が言った，もう一つの慣習βとして，受け止められるのではないかと思ったのですね，私自身は。

　慣習αが法律になったときに，そのαに対してβという別の慣

105

習，別の一般意思というものを取り出して，それを法解釈にのせていくというのが，利息制限法の解釈において行われたことだったのではないかと思って聞いていたのですが。この線でB君は，慣習βを重視する必要がありますねと言うのかなと思っていたので，それを受けて，そうなんですという形で，その次の話をしようと思っていたのです。

　その次の話という話は，こういう話です。慣習とは何かというと，今は，慣習というものがどこかにまず存在して，これが法システムに反映すると考えているけれども，慣習というのはどこかにあるものとして捉えるのではなくて，制定法の他に慣習というのを法源として持っているというのは，私たちは制定法以外のものからルールを取り出すためのツールとして慣習というものを手にしているという捉え方も，ありうると思うのです。

◇中国民法における「慣習」の領分について

大村：そう申し上げるのは，東アジアには，太政官布告103号の3条，スイス民法1条2項のような規定が韓国，台湾，日本にあるわけです。韓国民法と中華民国民法には1条にこうした規定があり，日本には裁判事務心得がある。ところが，2020年の中華人民共和国民法にはこれにあたる規定がない。現代中国では条理などということは言わないわけです。

　では，どうするのですかというと，それは慣習で処理すると言われるのです。慣習というものを広く捉えて，その中で処理するので問題はないというのです。だから制定法と慣習はあるけれど，そのあとの3番目の法源が中華人民共和国民法にはない。ないけれど

◆質疑応答

も，しかしそれは慣習を運用することによってカバーされますということを，中国の人たちは言う。慣習はそういうものとしても使われる。

そうすると，いったい何が慣習かということを裁判官が解釈して，同業団体としての貸金業者が言っているような考え方があるとしても，それは私たちが従うべき慣習とは言えない。別の慣習が私たちの社会にはあるのだといった解釈論を導く道具として慣習を使うことができる。そういうこともあるという話をしようと思っていたのですが，実は，B君の話はそういう話ではなかった。

お話の中での慣習について私が想定したのは，良い慣習，悪い慣習といたものが仮にあるとすると，良い慣習の話だったのですが，B君は悪い慣習もあるのではないかという話をされていて，悪い慣習があったとしても，それには従うべきではないということでした。その点はB君と私とで違いはないとして，悪い慣習によってできた立法がよくなかったら，それは悪い立法なのであって，良い立法によって正されるべきである。B君の話はそういう話ですよね。

学生B：そうですね。良い慣習であるならば，立法につながるというとフィクションがすぎるとしても，現行の法秩序に違反しないことは，良い慣習があるために必要であることは明らかだと思うんですね。法制度に反しないような慣習であるという実態を，裁判官の解釈の上では，そのまま受け取れるような気がしているので。そうすると，それ以上に良い慣習の出番があるのかなという気がしますね。

大村：利息制限法が立法されたとしたら，それに従っているのはよい慣習に従っているということになる，ということでしょうかね。かつての法例2条，現在の通則法3条というのは，慣習を副次的

な法源として位置づけているわけですね。法律がないときに慣習があれば、という規定がおかれていますが、それは法律と抵触しない形の慣習があれば慣習に従う。そういう話ですよね。だから、そこでのよるべき慣習は、法秩序と抵触しないという形で、最低限の秩序適合性が保障されていているものに限られる。そういうものなのかと思いますけれども。そうすると、慣習には法秩序を変えていくような力はないのではないか。そういうことでしょうか。

◇慣習の「越境力」について

学生B：そうなんですけど、たしかに慣習が形成される段階では、システムは動いていく。でも、できあがった慣習は法システムの中に納まっているのではないか。そんな気がしまして。

大村：そうですね。慣習は本当に難しい問題を含んでいるのですが、最近は慣習についてあまり議論しなくなりました。かつては、慣習の位置づけ、法例2条の慣習と92条における慣習とを、どうやって整合的に説明するかといったことをいろいろ議論していたのですが。それとの関係で私が最近気にしていることを言うと、法律がないときに出てくる慣習、法例2条の慣習は、確かに法秩序の中に収まるような気がする。B君が指摘していることの一つは、慣習は越境的だと私は言ったけれども、法律がないときに補充的な法源として適用される慣習というのは、法律が認めているのであって、言わば法律の中に駆り出される、組み込まれているのであって、秩序の外に出るとか、ゲームの外に出るといった力を持たないのではないか。そういうことかと思います。

　確かに、そういうところはあるのだけれど、私が気になっている

◆質疑応答

のは民法92条の方で，92条は法例2条とは違う場面を想定している。だからこそいろいろ議論が出てきたわけです。92条は，法例中の公の秩序に関しない規定，任意規定と異なる慣習がある場合ということで，法律の規定は存在する，しかし，これとは違う慣習がある場合を想定しています。

　その意味では，法律と慣習を比べたときに，法律の方が上にあるとなると，慣習はそれより下でないといけない。しかし，その法律の規定が任意規定だとすると，当事者が契約をすれば，契約の方が任意規定に優先することになる。当事者が契約をしたときに，その契約に関わる慣習があるとすると，その慣習はどういう地位に立つことになるのか。任意規定に優先するか優先しないか。92条は，その慣習による意思を有しているものと「認められる」ときという要件を設けている。慣習による意思を有しているのであれば，それはそういう意思があるので，契約が任意規定より優先するだけの話になります。92条はそうは言っていない。事実のレベルで意思を有するとは言えなくても，評価のレベルで意思を有していると「認められる」ときには，「慣習に」従うとしている。明確にこの慣習によるとは言っていないけれども，慣習は確かにあるといえる。それについて，それによらないと言っていなければ，意思を有していると「認められる」のではないか。こうした思考を媒介にして，任意規定と違う慣習があるときに，その慣習の効力を認めている。注意すべきは，このときには「慣習に」従うのであって，「意思に」従うのではない。

　そこには，ある意味では，任意規定よりも慣習の方が上であるという方向性が含まれている。このあたりに，法律というものを慣習が食い破っていく側面が含まれているような気がするのです。

これが民法でなくて商法であると，商慣習はもっと上に位置づけられていて，民法の任意規定には優先する（商法1条）。国家法の秩序の外にあった商慣習を国家法が飼い慣らそうとするときに，慣習に特別な位置づけを与えている。取引に関する慣習の中には，国家法を超えていくものが含まれていて，これを飼い慣らそうとするときに，こういう形になる。だけど，これで十分に飼い慣らせているのだろうか。慣習は国家法の中に収まりきっているのかという気持ちが，私の中にはあります。

◇約款の「拘束力」について

大村：そこで話は少し飛びますが，約款の拘束力という問題があります。約款というのは，ある契約をすると，その契約に適用されるものとして，あらかじめ当事者の一方によって定められた一連の契約条項ですね。どこかの旅行会社が企画している旅行に参加するときに，細かい字で書かれたルール，戦争とか天災といった出来事があったときには中止します，などといったことがいろいろ書いてありますね。あのルールが適用されることになるのですが，なぜ適用されるのかというと，あのルールに従って契約する意思があったから，だから，それは契約の内容になると説明するわけです。

では，どのような場合に，約款というルールに従って契約する意思があったと言えるのかという問題が，次に出てくることになります。日本の産業界では，誰もが約款に従って取引をやっているのだから，それに従って契約する意思がないとしても，約款は適用されるだろうという意識が持たれてきた。それはしかし，さきほどの慣習αであって，私たちの社会全体，あるいは業界の外にいる消費

◆質疑応答

者の観点から見れば，そうは考えられないのではないか。むしろ，こうした見方こそが法律になるべきではないか。そんな議論が，最近の債権法改正のときに交わされました。私自身もそういう観点に立っていました。

しかし，明治の産業界の様子を見ていると，民法ができる前から，業界は彼らのルールをつくっているわけですね，自分たちが円滑に取引をするために。自分たちがつくった取引のルールというものがあって，それに関係する人たちにはこのルールが適用される。そういうつもりでやってきているのですね。

民法は，こうした業界の慣習の後に登場するわけです。約款法の理論は，もっと後に出てくるわけで，長い同業組合の歴史からすると，私たちがルールを設定する，そういう意識がある。これはやはり日本の，日本だけなく商人一般の規範意識の根底にあるものなのではないか。内容のよしあしとは別に，最近はそう思うようになっています。

そうすると，こうした慣習ベースの規範意識と，一般意思の表明としての民法という法律ベースの規範意識とが，どういう関係に立つのか。そこには，せめぎ合うところがある。私たちが一般意思によって設定した一般的なルールを，やはり食い破るものがあると感じます。その食い破るものが，よいものかどうかは分からない。よいものであることもあるし，悪いものであることもある。

一般意思に基づく法律ができて，慣習が否定されたということになると，事後的に，あれは悪い慣習だったと解釈されることになるのですが，何がよい慣習であり，何が悪い慣習であるか，慣習が法律とせめぎ合っている時点では，判断がつかない。最終的な決着がつかないところがある。

そういう力が存在して，ゲームのルールは変わっていく。別の言い方をすると，そういう力を働かせる余地もある。小さな力しか持たない人たちであっても，制定法の外に慣習的なものを生み出すことはできて，それが一定の大きさの波になったときに，制定法を超えた働きをする，そういうものになる余地もある。だから，法を生み出す力は立法者に由来する，契約慣行はできあがった法秩序の範囲内で形成される。こういった行儀のよい法システムの中に何か収まらないものを，慣習というものは内包しているのではないかというのが最近の私の感触です。

私の民法典論は，もともとはルールの中に世界を収めたいという発想に立っています。個々の契約当事者たちが，自分たちの創意に基づいて新しい試みをして，それによって市民社会の中身が豊かなものになっていく。そうであっても，ルール自体を変えるときには，それは民法典に反映させないといけない。そう考えてきたのですが，それとは違う法イメージも，厳然として存在しているのではないか。厳然として，は言いすぎかもしれませんが，私たちが目をみはる形であるのではないか。そういう気がしてきています。

小粥さんは脇で聴いていて，「かつて，そういう話を聴いたことがある」と思っているかもしれないですね。（やはり以前にレクチャーをお願いした）内田貴さん（1954-）は，こういう話を1990年代の初めに展開された。「私たちの社会には内在的規範があって，信義則を通じてそれを汲み上げるのがよい法のあり方，望ましい法のあり方ではないか」。一言で言ってしまえば，こういうことをおっしゃっていたことがあります。

私は，ヨーロッパから来た法典とは違うところに，私たちの固有のルールがあって，ヨーロッパから来た法典が開いている安全弁の

◆質 疑 応 答

ようなものを利用して，私たちの社会にある規範を一律に取り込んでいこうと思っているわけではありません。法典というものにもっと大きな価値を置いているのですが，それでも，法典だけによって世界を覆い尽くすことは，やはりできないのではないかという気持ちはあります。

◇「中間団体」の捉え方について

学生B：大きな社会と小さな社会，異質な社会が，大きな世界には含まれているというイメージを当然に持ってはいたんですよ。僕がひっかかるのは，たぶん，それとは違うところなんだろうなという気がします。その状況がどう変化していくかというと，小さな社会は消えていく運命にあるのではないか。そうでないと，近代社会は成り立たないのではないか。

大村：そこはすごく重要なところで，フランス革命によって中間団体というものを排除して，いろいろなしがらみに基づいていた社会を再編成した。国民という形で「人」を同じところに並べて，一般意思によって法律はつくられると考える。間にあったごちゃごちゃしたもののことを，私たちはもはや考えなくてよいことになったという図式がある。さきほどの樋口陽一先生なども，ある時期まではそういう発想で押してこられた。樋口先生は中間団体の排除はフィクションであることを承知しつつも，このフィクションを維持されていた。しかし，実は，そうではなかった。

　そこで考えるべきなのは，中間団体とは何かということなのですが，絶対王制と言われるときにも，絶対君主が頂点からすべての国民を直接支配していたわけではなくて，さまざまな中間団体が介在

する形で，中間団体を通じて支配し，中間団体の影響を受けて統治していたのではないか。「社団国家論」と言われる考え方で，もう50年くらい前にフランス史の二宮宏之（1932-2006）という先生が主張された考え方ですけれども。

この社団国家がフランス革命によって完全に崩壊したのかというと，どうもそうではなかったのではないか。中間団体はあってはならないというイデオロギーは，少なくとも19世紀前半に支配的になったのかもしれないけれども，中間団体はやはり一定の形で存続し，19世紀の後半になると再編成されていくのではないかと思うのですね。

ただ，その再編成のされ方が問題で，民法典というものをもった社会においては，中間団体を再編成するときに，中間団体にも守ってもらわないとならないルールがあるし，中間団体には果たしてもらわなければならない役割もある。民法典はある一定のやり方で，やはり中間団体を飼いならそうとしているのではないかと思うのです。

けれども，飼い慣らしきれなかったところもある。システムの中で飼い慣らされてしまった中間団体には，それはそれで一定の役割があるのかもしれないけれども，何か，そうではない中間団体が，そうでないがゆえに保たれている活力がある。それがもたらすメリットも確かにあるような気がする。このあたりの関係をうまく捉えることができる法理論，あるいは社会理論が，何か必要だろうと思っています。

このレクチャーの原稿を作ったのは今年の3月です。当初、レクチャーをお願いしていた窪田充見さんが亡くなったのが2月初めで，代わりにやらなければいけないと思って，原稿を書き始めたのですけれども，4月から，契約慣行に関する講義を2ヶ月半ほど

◆質疑応答

してきて，今，こうして皆さんに話すときに，契約慣行というものの力を，うまく取り込むことができる工夫をしたいと思っていました。

来年，小粥さんにレクチャーをしていただいて，そのあとに少し余裕をもって，私もレクチャーをしようと思っていて，そのときのために，契約から民法を考えるというテーマを自分自身のために設定していていました。その話を，本当は今年すればよかったのですが，その準備が十分にできていないので，民法典についてお話をしたというわけです。

私の中には，民法典論，私たちが持っている民法典というものを通じて，社会というものをどう捉えるかという方向性と，契約慣行論，契約慣行というものから出発して，契約と社会とのせめぎ合いを捉える，契約・慣習・法律の相互作用を通じて，社会の形成過程を捉えるという方向性とがある。今日は民法典の方から出発して，この二つの話をうまく結びつけたいと思っていたのですが，準備不足もあって，なかなかそこまでには至っていません。

◇「convention」の意味の幅について

大村：それでもう一つ，さきほど，フランス民法典で，かつてのconvention（コンヴァンシオン）という言葉が，今では contrat（コントラ）という言葉に置き換わった，しかし，大きな変化はないという話をしました。コンヴァンシオンという言葉，英語で言うと，コンヴェンションという言葉は膨らみのある言葉ですね。確かに，私たちの「合意」のことをコンヴェンションとも言うけれども，「習慣」「慣習」のこともコンヴェンションと言いますよね。「習慣」

に支えられてルールのことをコンヴェンションと言う一方で，何もないところにルールを作り出すのもコンヴェンションである。「規約主義」という言葉がありますけれど，こういう約束ごとにすればいい，こういう定義をすればよいというのをコンヴェンションというので，コンヴェンションには，「何か暗黙裡にある既存のものに拘束される」「なにもないところに何かを作り出す」という，両面がある。

　事実的なものが契約的なものになり，それが，慣習的なものになっていくという過程を見たときに，その中で，人々は人為的に何かをするのですね。契約書をつくるとか規約をつくるという形で，テクスト，紙に書いたものをつくりだす。そういう幅があるプロセスの中で，一人一人，あるいは1回1回の取引が行われているものが，どうやってルールに変わっていき，私たちにとって当然のもの，あるいは動かしがたいものとして，拘束力を持つに至るのか。

　あるいは，そうではなくて，ここまでこうやってきたから，これからはこうしてみよう，新しくコンヴェンショナルな，規約的なものをつくり出す。この営みをどのように捉えるのか。これらの点をうまく整理できないと，契約と社会についての整理はできないのではないか。最近はそう思っています。そんなことを考えさせるような歴史的な経験が，私たちの近代の歴史の中には埋もれている。いま大学で私は，このことを講義しているというわけです。

　あと1問だけ，全く分からなかったといったことがあれば。

◇「世界」の行方について

学生C：いいですか。

◆質疑応答

大村：いいですよ，どうぞ。

学生C：平成民法が，共和国型の民法だという話があり，共和制が定着するのは，人権宣言からずっと後で，その間にも国民主権という考え方がずっとあったという話が先ほどあったと思うのですが，そうすると，帝国臣民の健康な成年男子という市民像が徐々に共和国的なものに移り変わっていく段階の中に，いま我々はいると思うのですが，そうやって考えた場合に，それこそ最近だとAIとかいろいろな話があるけれども，これからの社会においてどのように包摂のありようが拡大されて行くであろうか，行くべきであるとか，そういった話が伺えると幸いです。

　いろんな審議会に出られていると思いますが，そういう現場から見て，どのような歴史認識がなされる時代なのかなということです。

大村：ありがとうございます。おっしゃっていることはよく分かります。

　世界はこういう方向に変わってきていますということを言って，それでは，この先，どういう方向に行くべきだと思いますかと問われたときの私のスタンスは，何というべきか，あまり進歩的ではありません。

　今まであった，かくかくしかじかの垣根はどんどんなくすべきだ，とは思わないですね。思わないというのではなく，なくしていいだろうかという方向で考えるほうですね。いろいろな動きがあって，いろんな人がいろんなことを言うわけで，様々な方向から様々な垣根が取り払われていくわけですね。たとえば，働き方改革などといったものもやっていますけれど，あれは働かない改革に見えま

す。万難を排して働かなければならないという垣根を越えて私たちは働かない方向に進んでいるとは思うのですが，本当に働かなくなっていいのかと思ったりもするわけです。

　世界はこうなっていくのだから，ここはがんばりましょうといった前向きな話は，私からはあまり出てこないのです。せいぜい，もう一押し，という程度です。むろんそういうふうに社会が変わっていく，社会が変わる力というのは，確かにあるような気はします。そうは思うけれども，その力をコントロールするのはとても難しいことですね。大きな力が働いていてコントロールすることは難しいのだけれども，イメージとしては大洪水が起きないように，水はうまく流してやらなければいけないといった感じで捉えています。それにも限度があって，大雨が降ったら，やはり堤防は破れてしまう，と思っています。突然大きな力が働いて法制度がある方向に行く，その次は，また別の方向から大きな力が働いて別の方向に行く，そういう揺り戻し中でシステムは動いていくという，そういうイメージも持っています。

　右に行けば右へ，左に行けば左へ，ということで右往左往するというのも一つの対処の仕方ではありますが，なにか犠牲が大きいような気がするのですね。ロースクールなど，その典型例だと思います。つくってうまくいかなかったら，今度はこうすればよいのでは，といったことを繰り返しています。それもやむを得ないところもあるのですが，制度変更の谷間で困っている人もいると思うのですね。

　皆さんに，がんばって法学を勉強してくださいというスタンスでお話をしているのに，保守的な話で終わるのはいやなのですが，大きな力に対しては，その力の働き方はそれでよいのか，その力をう

◆質疑応答

まくコントロールできているのか，ということを考えるのが，ある意味では法律家の一つの仕事ではないかと思うのです。

新しい判決を獲得する，新しい何かを認めてもらうために働く弁護士は，もちろん必要だと思います。それは立派なことだと思うのですが，他方で，変わっていくシステムを可能な範囲で制御しながら，できるだけ負担のない方向で，私たちの社会を変化させていくということが，もう一つ別の役割としてあるのではないかという気持ちを持ちながら，いろいろなことをやってみています。考えてみると，小粥さん，法学の歴史の中で，世の中を大きく変えた法学者はあまりいませんよね。

小粥：そうですね。

大村：だから，大きくこういうふうに変えたい，こうしないとだめだとは思わない。いま変わっていこうとしているものが，妙な弊害を起こさないように進めたい。たとえば，経済成長に関して，どういう法律を使って成長を促そうかと，官僚たちは考えていなかったのだろうかと言えば，考えていたとは思うけれども，そこにはやはり外に，一定の力があるのですね。いろいろな力がある。同業組合も産業組合もあって，いろいろな力が働いているのだけれど，ともかく推進力はあるので，その推進力をいかにまとめて，どういう方向で制度化するのがよいのか。そういうことを経済成長期の官僚たちはたぶん考えていたと思うのですね。

まったく白紙で，私たちの社会はこういうふうになるべきだといった，設計主義的な発想で制度をつくっていたかというと，そうではない。どういう方向になりますかと聞かれたときに，私が答えるのは，今はこういう流れがあり，この流れのうちこの部分は定着

していくのではないか，そういう話ですね。

　ですから今日の話も，そうした観点から，社会や立法の状況についての解釈を示しているということで，こんなふうになるべきだということを考えているわけではないですね。私にとっては，そういうポジションに意味があり，おもしろいかもしれないと感じています。これは人によって違うと思いますね。

　今日，法理というものをヴィジョンとして捉えるかツールとして捉えるかという話もしましたけれども，両方であるんですね，実際には。ヴィジョンでもあるしツールでもある。

　私のような捉え方ではなくて，これはツールであって，ともかく道具として使って，何かやりたいことを実現しようという考え方で法に臨むこともあるし，新しい主張の先頭に立って，それを実現しようとする法律家もいる。そういう人はいると思うのですね。そのために，どのような法理論が望まれるのか。改革のための，革命のための法理論を考えている人たちがいてもいいと思いますが，私自身は，革命のための法理論は自分には合わないと思っている。しかし，この社会に働いている新しい要請，一定の尊重を受けるべき要請というものは，やはり探して，それを活かせるような形で，考えたいとは思います。過剰なものに対しては，それは過剰だということは言わなければならない。しかし，何かそこに，それを動かしている力が占めるべき，正当な場所はあるとは思う。そういうものを見だしていくことが大事なことかと思っています。

　私の教え子の若い民法学者たちの中にも活動家的な人はいます。そういう人が元気な主張をするわけですけれども，そういう主張は結構だけれども，まず私のことを説得してください。あなたの指導教授であって，あなたが書いている論文のことを最もよく知ってい

◆質疑応答

る私が納得しないというのは，それだけの説得力を持たないということなので，私のことを説得して，私がそうだと思えるようなことを言ってくれれば，保守的な法律家たちも納得するような，そういう理論をあなたが創り出しているということになるだろうと言っています。

保守的な，と私は自ら称していますが，保守的なことが悪いことだと全く思っていません。反動的なのはよくないとは思うけれども。先ほどトラディションの話をしましたが，トラディションとイノベーションのバランスの上に，この社会は成り立っていると思います。

民法典というものも，そういうものがしのぎを削る場だろうと思いますね。私たちは解釈という形で，テクストを通じて社会を見直すという形で，新しい社会の見方を述べるわけですけれども，そのときに新しいものの要素と古いものの要素のバランスの取り方は一つではない。私が立っているところよりももう少し元気なスタンスで，民法学に臨むということも十分できると思います。皆さんは若いので，そういうスタンスで臨むことを考えてくださるといいのではないかと思っています。

まだ何かあれば伺いますが，よろしいでしょうか。せっかく来ていただいたので，皆さんに発言してもらう機会があった方がよかったのですけれども，時間の関係で，本日はここまでにします。本当にありがとうございました。

◆追記 2　仮想の質問（Questions imaginaires）として

＊以下は，質問が出ない場合に備えて用意した想定問である。回答

まではあらかじめ用意していなかったが，現実のレクチャーでは
これらと重なりあう質問が出され，これに対して一定の応答をし
たので，改めて回答を補筆することはせず，質問のみを参考資料
として掲げておく。

　今日は，学校行事との関係で出席者がとても少なくなっていま
す。質問もなかなか出にくいだろうと思って，仮想の質問を用意し
てみました。質問は三つありますが，最初の二つは，これまでのセ
ミナーの中で皆さんが提示した疑問をベースにしています。最後の
一つは，私自身の私に対する疑問で，今回の授業の原稿を書いた後
に，「製糸業と契約慣行」をテーマとした特殊講義を行う中で自問
している問いです。
　この仮想の質疑応答には，ありうる問いに答えるということとは
別に，いくつかの目的があります。今回の話は，「法源と解釈」「法
典と教育」「性法と大学」という，私がこれまで取り組んできた民
法総論上の（＝「civil の理学」に関する）三つの問題群とかかわって
います。その関わりについて多少補足しておきたい，というのが第
一の目的です。また，今回は，本来はゲストをお招きする回でした
が，冒頭でお話した事情により，急遽，私が代役をつとめることに
なりました。いずれ私自身がレクチャーをするとしても，それはす
べてのゲストをお招きした後に，と考えていました。そして，その
時にテーマとしては「契約から民法を考える」というものを想定し
ていました。今回，契約の話を準備する余裕がなかったので，別の
テーマにしましたが，この本来のテーマについても，可能な範囲で
少しだけお話したい。これが第二の目的です。実は，さらにもう一
つ，目的がないわけではありません。それは第一・第二の目的と密

接にかかわりますが，法や法学をどのようなものとして捉えるかという課題，私にとってのこの先の課題に関連します。この第三の目的については，最後に改めて触れたいと思います。

Qi 1　法典はマニュアルではないのか？（法典と教育）

このレクチャーに先立って行われた先生のセミナーでは，法律の規定の外にあるもの（家族に関する人類学的な理論や，個別の事件に対する一般人の常識的な判断）を根拠にして，法律の規定から機械的に導かれるのとは異なる帰結を導く法律論を展開する論文が取り上げられました。その際に，法律の規定を機械的に適用しようとするやり方は「マニュアル思考」に陥り，適切な結論を導くことができないことがある，という指摘もありました。

しかし，考えてみると，法律，特に法典と呼ばれる主要な法律は，あちこちに散在し，必ずしも整合性を持たないルールを整序して，誰もがルールを，簡単にかつ整った形で知ることができるようにすることを目的にしているのではないでしょうか。そうだとすると，民法典を尊重せよ，という先生の考え方もまた，一種の「マニュアル思考」だとは言えませんか？

Qi 2　法律の至高性と解釈は両立するか？（法源と解釈）

国民主権の日本国憲法の下では，国会は国権の最高機関であるとされています。また，レクチャーに先立つセミナーの中で，そして今回のレクチャーでも，法律があれば法律に従うのが原則であり，慣習や条理によるのは法律がない場合である，という考え方が示されました。これらを合わせて考えると，ルールのなかで最上位に位置するのは（憲法を除くと）法律であることになります。

ところが，「法律の解釈」という形で，裁判所や学者たちが「自由」な「解釈」を展開することが広く認められるとすると，それは国会，より抽象的には「立法」というものを軽視するということになりませんか。仮にこのようなことが認められるとすると，立法にはどのような意義があることになるのでしょうか。

Qi 3　civil の理学と convention の法＝社会学の関係は？（性法と大学）

今回は，民法典を尊重せよ，という話を伺いました。その理由は，民法典は「社会契約」だから，ということだったかと思います。これに対して，私たちは，「契約」を通じて社会関係を創り出していくことができるというお話もありました。そして，先生のお話のなかでは，社会構成員全員の「契約」である民法典は（特定の個人間の）「契約」に優先するという階層秩序が念頭に置かれていたように思います。ここまではよいとして，「慣習」の位置づけがよくわかりません。資料には「越境」とか「回帰」という言葉もありましたが，その意味をもう少し説明してください。

また，先生は，「civil の理学」のほかに，契約の法社会学も研究しているともおっしゃっていましたが，両者はどういう関係に立つのでしょうか。民法典に関わる「civil の理学」がまずあって，契約の法社会学は民法典の下で，具体的にどのような「契約」がされているのか（それはどのような社会が形成されているのかということかもしれません）を探究する，と考えてよいですか。「慣習」の位置づけはこの点にもかかわりそうな感じがします。

〈著者紹介〉
大村 敦志（おおむら　あつし）
1958年　千葉県生まれ
1982年　東京大学法学部卒業

主要著書
『法源・解釈・民法学』（有斐閣，1997）
『法典・教育・民法学』（有斐閣，1999）
『民法0・1・2・3条』（みすず書房，2007）
『フランス民法』（信山社，2010）
『民法改正を考える』（岩波書店，2011）
『性法・大学・民法学』（有斐閣，2019）
『民法のかたちを描く』（東京大学出版会，2020）

民法研究 レクチャーシリーズ

civil の理学──民法0・1・2・3条再考

2025（令和7）年3月10日　第1版第1刷発行

©著者　大　村　敦　志
発行者　今　井　　貴
　　　　稲　葉　文　子
発行所　㈱信　山　社

〒113-0033 東京都文京区本郷6-2-9-102
電話 03(3818)1019　FAX 03(3818)0344
info@shinzansha.co.jp

Printed in Japan, 2025　　印刷・製本／藤原印刷株式会社

ISBN 978-4-7972-1137-5 C3332 ￥1500E

民法研究レクチャー・シリーズの創刊にあたって

　平成の 30 年間は民法改正の時代であり，その末年には債権や相続，成年年齢や特別養子に関する改正法が次々と成立し，民法典はその姿を大きく変えた。また重要な新判例も次々と現れており，学納金事件，住友信託対 UFJ，NHK 受信契約，JR 東海事件，代理懐胎，非嫡出子の相続分，預貯金債権の取扱いなど，社会的に大きな注目を集めた事件も少なくない。

　こうした民法の変化の中に時代の変化を汲み取りつつ，民法学がなしうる・なすべきことを示すことによって，法学研究者や法律実務家に限らず，法学を学習する人々，さらには一般の市民の方々にも民法・民法学に関心を持っていただくことができるのではないか。そのためには，平成の 30 年間を通じて民法学界の第一線で研究を続けてこられた方々にお願いして，広い範囲の聴衆に対して，大きな問題をわかりやすく，しかし高いレベルを維持しつつお話ししていただくのがよいのではないかと考えて，本シリーズを創刊することとした。執筆をお願いした方々には，法学に関心を持つ少人数の高校生を相手にお話をいただき，これをもとに原稿を書いていただいたので，「民法研究レクチャー・シリーズ」と名づけることにした。

　『民法研究』は，広中俊雄博士によって創刊・編集されて，第 1 号から第 7 号まで（1996 年〜2011 年）が刊行された。一時中断の後に第 2 集の刊行が始まり，現在のまでのところ，東アジア編として第 1 号から第 9 号まで（2016 年〜2020 年）が刊行されている。これとは別にフランス編（ただし不定期）の刊行準備も進みつつある。そこでしばらく前から，広中先生とのお約束であった理論編を企画したいと考えて始めていたが，「民法研究レクチャー・シリーズ」はこの理論編に相当するものとして立案したものである。

本シリーズは，2024 年 8 月に道垣内弘人先生のレクチャー
が刊行されたことにより，第 2 期に入った。第 1 期の 4 冊は間
隔を置かず順調に刊行することができたが，山本敬三先生によ
る本書の早期刊行によって，第 2 期についても望ましいリズム
ができつつある。ご多用のなか迅速に原稿を整えて下さった既
刊書の執筆者の方々には，改めて厚く御礼を申し上げる。

　本シリーズのもととなる高校生向けのレクチャーは着実に回
を重ねている。お話をしていただいた先生方はどなたも，周到
な準備の上で熱意をもって臨んで下さり，原稿の方もほぼ順調
に集まっており，シリーズのスタート後 5 年足らずの間に，本
書を含めて 7 冊を刊行することができた。皆さんご多忙な方ば
かりであることを考えるならば，これは異例のことと言わなけ
ればならない。講演・執筆をお引き受けいただいた方々に，こ
の場を借りて改めてお礼を申し上げたい。

　シリーズが順調に進行しているのを受けて，さらにいくつか
の企画を練りつつある。一つは，レクチャーの方式転用であ
り，本シリーズの母体である『民法研究第 2 集』についても，
この方式を活用してご執筆いただいた論稿を中心に据えた「理
論編」の刊行を準備している。もう一つは，レクチャーの対象
拡大であり，「広い範囲の聴衆に対して，大きな問題を，しか
し高いレベルを維持しつつ」なされた講演を，本シリーズと並
ぶ形で刊行してはどうかと考えている。

　後者のコンテンツとしては様々なものがありうるが，さしあ
たり，本シリーズと関係のあるものから始めてみたいと思って
いる。どんなものができるか，現段階では不確定の部分もある
が，早い時期に具体化を図りたい。

　2020 年 12 月／2025 年 1 月

大 村 敦 志

◆ **民法研究レクチャーシリーズ** ◆

高校生との対話による次世代のための民法学レクチャー
── 学びの基本から学問世界へ ──

憲法・民法関係論と公序良俗論
山本敬三 著

所有権について考える
── デジタル社会における財産 ──
道垣内弘人 著

不法行為法における法と社会
── JR東海事件から考える ──
瀬川信久 著

法の世界における人と物の区別
能見善久 著

グローバリゼーションの中の消費者法
松本恒雄 著

信山社